高等职业教育铁道交通运营管理专业校企合作系列教材

高等职业教育"十三五"规划教材——轨道交通类

铁路货运作业实训教程

主编　王　丹

主审　孙宝龙

西南交通大学出版社

·成　都·

图书在版编目（CIP）数据

铁路货运作业实训教程／王丹主编. —成都：西南交通大学出版社，2015.8（2018.8 重印）
高等职业教育铁道交通运营管理专业校企合作系列教材 高等职业教育"十三五"规划教材. 轨道交通类
ISBN 978-7-5643-4288-3

Ⅰ. ①铁… Ⅱ. ①王… Ⅲ. ①铁路运输 – 货物运输 –高等职业教育 – 教材 Ⅳ. ①U294.1

中国版本图书馆 CIP 数据核字（2015）第 203554 号

高等职业教育铁道交通运营管理专业校企合作系列教材
高等职业教育"十三五"规划教材 ——轨道交通类

铁路货运作业实训教程
主编　王丹

责 任 编 辑	胡晗欣
封 面 设 计	墨创文化
出 版 发 行	西南交通大学出版社 （四川省成都市二环路北一段 111 号 西南交通大学创新大厦 21 楼）
发 行 部 电 话	028-87600564　028-87600533
邮 政 编 码	610031
网　　　 址	http://www.xnjdcbs.com
印　　　 刷	成都中永印务有限责任公司
成 品 尺 寸	185 mm × 260 mm
印　　　 张	6
字　　　 数	148 千
版　　　 次	2015 年 8 月第 1 版
印　　　 次	2018 年 8 月第 2 次
书　　　 号	ISBN 978-7-5643-4288-3
定　　　 价	16.00 元

前　言

　　为满足铁路快速发展对技术技能型人才的需求，加强高职学生的实际动手能力是提高高职教育质量的关键。在构建理论知识的学习基础上，有针对性地培养学生在学习中体会岗位要求、理解岗位所需的实践技能，缩短与实际岗位的差距。根据铁路运输专业教学指导委员会会议新修订的铁道运营管理专业课程设置和教学改革要求，本书在编写内容与模式上，立足于"突出技能、模块实训、单项合成、岗位落标"的学习目标，着力解决"重理论、轻实践、重课堂、轻现场"的问题。切实提高教学质量和效果。

　　该书以《铁路职业技能培训规范》为依据，遵循模块教学的特点，突出各岗位实作技能，通过单项的合理组合，形成各岗位所需的能力结构，具有针对性、灵活性、实用性的特点，可有效提高学生的操作技能水平。

　　本书在编写过程中，积极邀请铁路运输企业技术人员参与，征求企业对学生技能培养的意见和建议。全书主要从货运需求受理作业训练、核算制票作业训练、到达交付作业训练、货物损失处理作业训练、货检技术作业训练、超长货物运输训练和超限货物运输训练 7 个项目进行编写。

　　本书由天津铁道职业技术学院王丹任主编，天津铁道职业技术学院陈新鸿、文佳、王慧任副主编。北京铁路局天津货运中心李增祥、张贵庄，营业网点律鹏也参与了本书的编写工作。具体分工如下：陈新鸿、律鹏编写实训项目 1、实训项目 2 和实训项目 3；王慧、文佳编写实训项目 4 和实训项目 5；王丹、李增祥编写实训项目 6 和实训项目 7。

　　北京铁路局南仓站副站长工程师孙宝龙为本书做了主审工作，提出了中肯的修改意见和建议，在此表示深深感谢。

　　由于编者水平有限，书中不妥之处在所难免，敬请各位同仁批评指正。

编　者

2015 年 8 月

目 录

实训项目 1

货运需求受理作业训练

项目概述

货运需求受理是指客户登录货运电子商务平台"我要发货"、拨打服务电话、直接到营业场所办理、上门服务等方式进行的需求受理，通过本项目训练能完成订车、实货确认、各种货物运输的运单填写等工作任务。

任务 1 空车预约

1.1 实训目标

通过空车预约作业的训练，使学生能够受理和处理货运需求订单，代客户办理相关作业手续，独立完成"预约""订车"等作业，并能够根据客户服务作业标准，使用规范的服务用语办理业务。

1.2 实训内容

1. 在线预约操作过程演示

（1）登录货运电子商务平台网站，录入"我要发货"五项基本信息，或从"我要发货受理"中点击"新建"按钮，录入五项基本信息，点击"在线预约"，如图 1-1 所示。

图 1-1

（2）通过历史单据查询，快速录入订单信息，如图1-2、图1-3所示。

图 1-2

图 1-3

（3）订单信息录入完成后，保存订单信息，如图 1-4 所示。

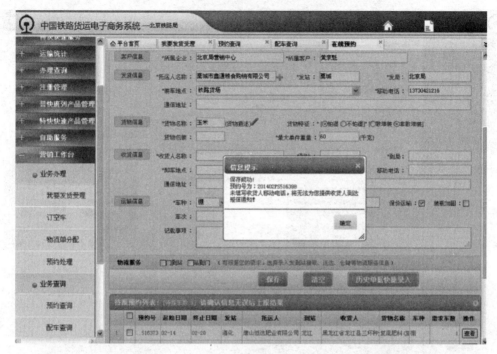

图 1-4

（4）保存成功，选中后提报，如图 1-5 所示。

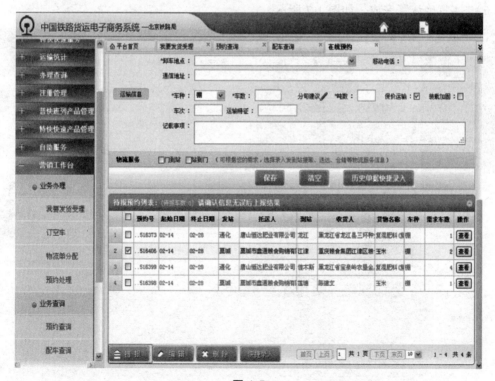

图 1-5

（5）进行预约处理，即"实货确认"，如图 1-6 所示。

图 1-6

（6）"实货确认"完成，如图 1-7 所示。

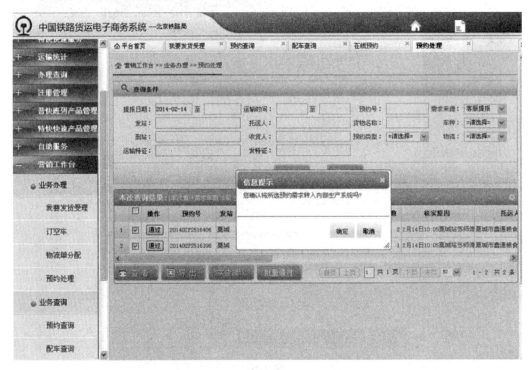

图 1-7

（7）进入"预约查询"，查看预约受理结果，如图 1-8 所示。

图 1-8

（8）待客户确定装车日期，"订空车"并保存，如图 1-9 所示。

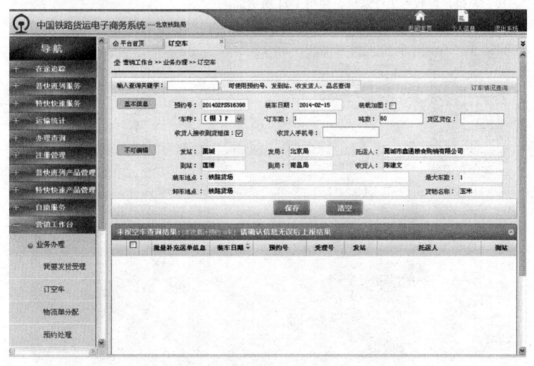

图 1-9

（9）再次核对信息后保存"订空车"订单，如图 1-10 所示。

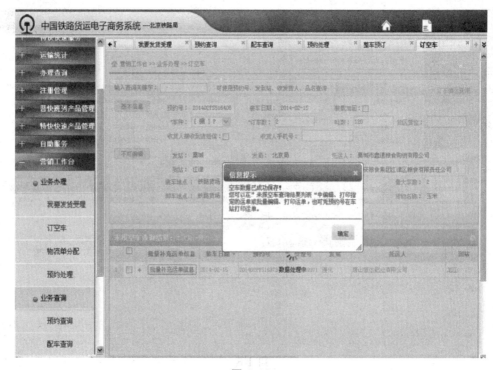

图 1-10

（10）提报，即转入生产系统，如图 1-11 所示。

图 1-11

（11）"订空车"完成，进入"配车查询"项，查询配车结果，如图 1-12 所示。

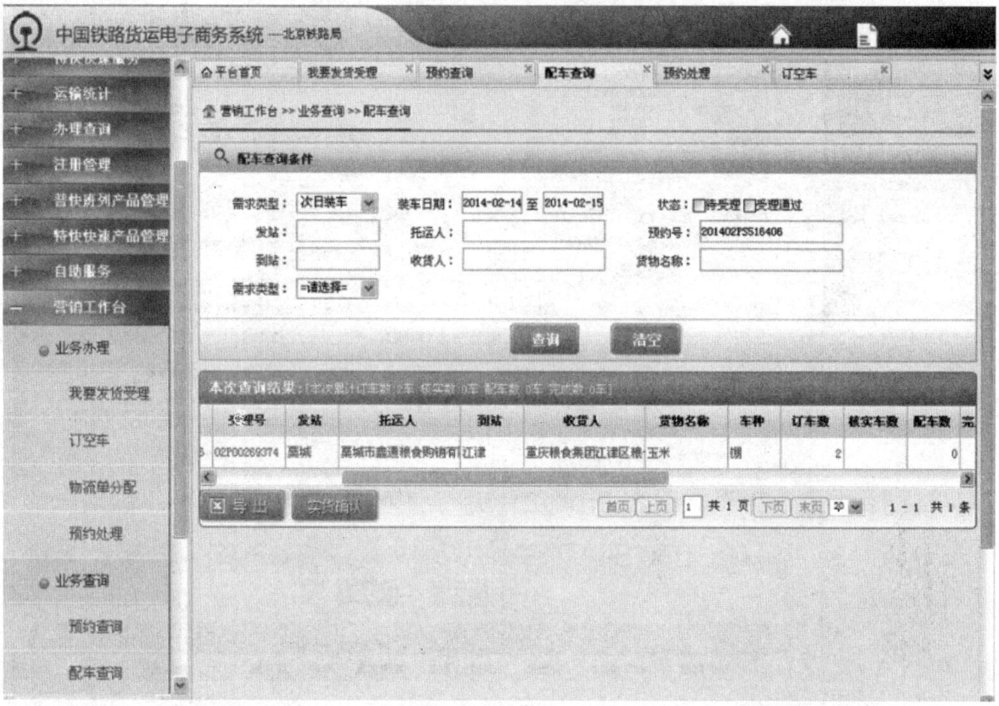

图 1-12

2. 整车预订操作过程演示

（1）填写"我要发货"五项基本信息，点击"整车预订"，如图 1-13 所示。

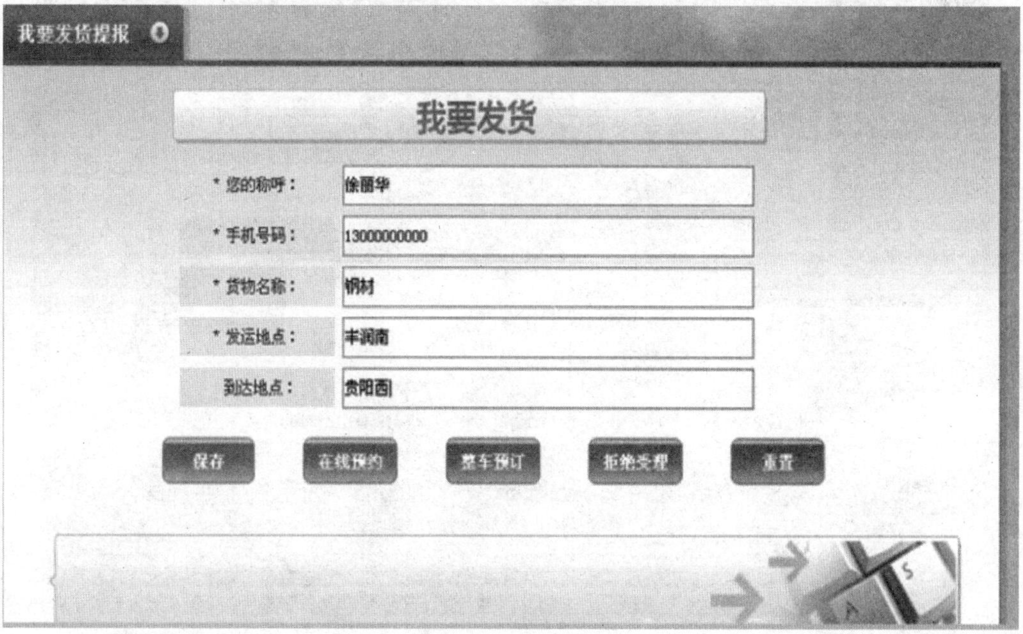

图 1-13

（2）填写整车预订订单信息，待提报，如图 1-14 所示。

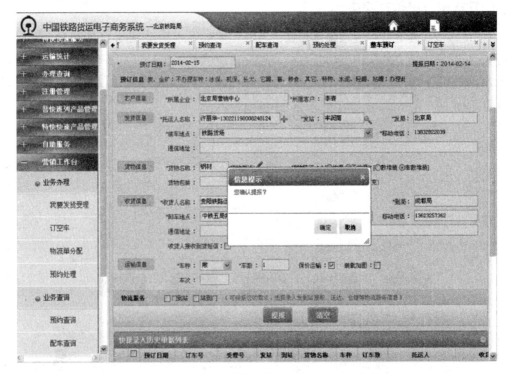

图 1-14

（3）提报整车预订订单，如图 1-15 所示。

图 1-15

（4）整车预订订单提交成功，自动排队配车，如图1-16所示。

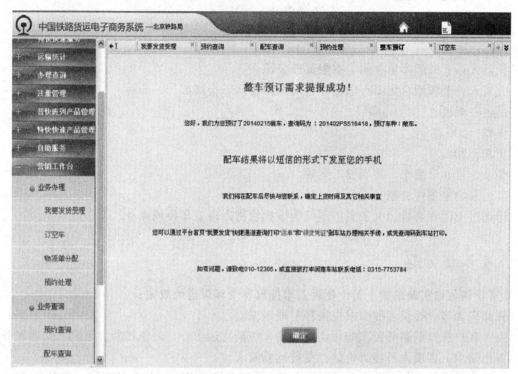

图 1-16

（5）进入"配车查询"项，查询配车结果，如图1-17所示。

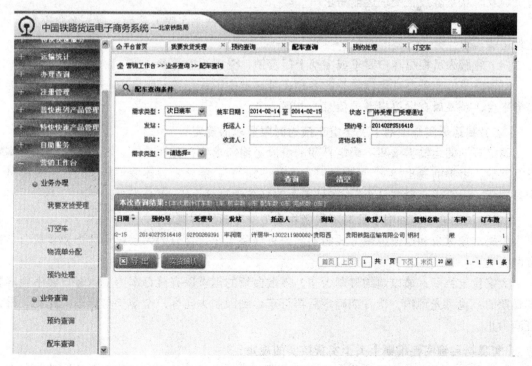

图 1-17

1.3 实训实例

发站：北郊。

到站：张贵庄。

托运人：上海烟草（集团）有限责任公司。

收货人：上海烟草集团有限责任公司天津卷烟厂仓储部。

品名：烟梗。

件数：500 箱。

货重：30 t。

拟于 5 月 9 日装车，使用棚车运输。

其他未给定条件自拟。

请通过中国铁路货运电子商务系统为该批货物办理空车预约业务。

1.4 实训依据

【实货制运输实施细则】关于货运需求提报和受理渠道的规定：

铁路局为客户提供多种需求提报和受理渠道。

（1）客户拨打铁路局公布的货运营业站（包括货运中心、营业场所，下同）受理服务电话，提出需求，客服人员接听电话，受理运输需求。

（2）客户登录货运电子商务商务平台，点击"我要发货"，填写"称呼""联系电话""货物名称""发运地点""到达地点"五项信息，提报后，即刻得到反馈的查询码。铁路客服人员负责及时联系客户，受理运输需求。

（3）客户到铁路货运营业场所直接提出运输需求，铁路客服人员面对面与客户进行沟通，受理运输需求。

（4）客服人员根据客户要求或主动上门营销，受理运输需求。

对铁路货运业务办理流程熟悉的客户还可通过中国铁路客户服务中心网站进入货运电子商务平台，登录后自助提报需求信息、办理业务。

【实货制运输实施细则】关于空车预约时限要求的规定：

确定日期的运输需求和不确定日期的阶段运输需求均在受理范围。客户不能确定具体装车日期的，可提前提出 3 个月内的需求进行"预约"；能确定具体装车日期的，可提前对 1 个月内任一天需求直接"订车"。次日装车的订车于每日上午 11 点截止。

【实货制运输实施细则】针对不同货物类型空车预约的规定：

根据市场需求和运输组织方式的不同，将铁路运输货物分为大宗稳定物资和零散白货物资两大类。

大宗稳定物资运输以预约订车为主，零散白货的需求以直接订车为主，客户暂不确定装车日期的，也可先预约，待日期确定后再订车。到限制去向客户全部参与订车，先到先得，订满为止。

【实货制运输实施细则】关于实货核实的规定：

（1）各货运中心负责逐笔核实客户的需求。通过电子商务平台"我要发货"功能代客户办理的，由铁路局货运营销中心客服人员负责核实。

（2）各货运中心根据自身情况建立货源组织与实货核实管理办法，报铁路局货运营销中心备案。

（3）各货运中心指定固定岗位人员，负责每日 11 点前向铁路局营销中心营销科日计划编制岗位上报实货的核实情况，汇报主要内容：

① 煤炭、矿石、钢铁等主要大宗稳定货源的需求情况及存在的问题；

② 协议客户需求情况及装车作业中存在的问题；

③ 零散白货需求及实货核实情况；

④ 是否有重点运输的需求；

⑤ 因区段、车站施工等临时能力变化对装车的影响；

⑥ 各站装车作业存在的问题；

⑦ 日计划编制的建议。

（4）客服人员进行实货的核实，必须使用固定用户名登录铁路局电子商务平台进行操作。在具体操作前先与客户进行沟通，经客户同意后进行操作。

（5）实货的核实数量不超过客户原需求数量。如客户提出实货数量超过原需求数量时，需客户另行提出运输需求，经客服人员代为办理，或客户自行上报需求。

（6）各货运中心客服人员应对电商平台的客户订车进行跟踪管理，在客户订车当日与客户进行电话沟通，核实需求。在所订车的装车日期前一天上午 11 点前再次核实；装车日计划下达后联系客户再次核实需求，与调度所落实空车来源，组织运输站段配空装车。

（7）客服人员与客户进行实货核实过程中，客户提出的次日可装车的需求，超过订车时限的，不纳入次日装车日计划。

（8）因客户设备原因无法及时提出运输需求的，经客户允许可由所在货运中心代操作并将结果告知客户。

任务 2　填制整车货物运单

2.1　实训目标

通过整车货物运单填制作业的训练，使学生能够根据客户货运需求订单，通过中国铁路货运电子商务系统正确填制整车货物运单。

2.2　实训内容

（1）通过中国铁路货运电子商务系统提取整车货物运单相关信息；

（2）根据《货规》等相关规定完善运单信息，并确保正确无误；

（3）打印整车货物运单；

（4）审核无误，托运人盖章或签字；

（5）承运货运员加盖承运日期戳，并签章。

2.3 实训实例

发站：北郊。

到站：张贵庄。

托运人：上海烟草（集团）有限责任公司。

收货人：上海烟草集团有限责任公司天津卷烟厂仓储部。

品名：烟梗。

件数：500 箱。

货重：30 t。

使用 P_{62K} 3113611 棚车装运，标重 60 t，保价 4 万元，施封锁两枚。

其他未给定条件自拟。

请按规定填制该批货物运单。

2.4 实训依据

【铁路货物运输规程】关于运单填制的规定：

"发站"栏和"到站（局）"栏，应分别按《铁路货物运价里程表》规定的站名完整填记，不得简称。到达（局）名，填写到达站主管铁路局名的第一个字，例如：（哈）、（上）、（广）等，但到达北京铁路局的，则填写（京）字。

"托运人名称"和"收货人名称"栏，应填写托运单位和收货单位的完整名称，如托运人或收货人为个人时，则应填记托运人或收货人姓名。

"托运人地址"和"收货人地址"栏，应详细填写托运人和收货人所在省、市、自治区城镇街道和门牌号码或乡、村名称。托运人或收货人装有电话时，应记明电话号码。如托运人要求到站于货物到达后用电话通知收货人时，必须将收货人电话号码填写清楚。

"货物名称"栏，应按《铁路货物运价规则》附件一"铁路货物运输品名分类与代码表"或国家产品目录所列的货物名称完全、正确填写。"铁路货物运输品名分类与代码表"内未经列载的货物，应填写生产或贸易上通用的具体名称。但须用《铁路货物运价规则》附件三"铁路货物运输品名检查表"相应类项的品名加括号注明。需要说明货物规格、用途、性质的，在品名之后用括号加以注明。

"件数"栏，应按货物名称及包装种类，分别记明件数，"合计件数"栏填写该批货物的总件数。承运人只按质量承运的货物，则在本栏填记"堆""散""罐"字样。

"货物价格"栏，应填写该项货物的实际价格，全批货物的实际价格为确定货物保价运输保价金额或货物保险运输保险金额的依据。

"托运人填报质量"栏，应按货物名称货物实际质量（包括包装质量）用千克记明，"合计质量"栏，填记该批货物的总质量。

"承运人确定质量"栏，除一件质量超过车站衡器最大称量的货物外，铁路运输货物由承运人确定质量。

"托运人记载事项"栏，填记需要由托运人声明的事项，例如：

（1）货物状态有缺点，但不致影响货物安全运输，应将其缺陷具体注明。

（2）需要凭证明文件运输的货物，应将证明文件名称、号码及填发日期注明。

（3）整车货物应注明要求使用的车种、吨位、是否需要苫盖篷布。整车货物在专用线卸车的，应记明"在××专用线卸车"。

（4）使用自备货车或租用铁路货车在营业线上运输货物时，应记明"××单位自备车"或××单位租用车"。使用托运人或收货人自备篷布时，应记明"自备篷布×块"。

（5）其他按规定需要由托运人在运单内记明的事项。

"托运人盖章或签字"栏，托运人于运单填记完毕并确认无误后，在此栏盖章或签字。领货凭证印章加盖与签字应与运单内容保持一致。

货物在承运后，变更到站或收货人时，由处理站根据托运人或收货人提出的"货物变更要求书"，代为分别更正"到站（局）""收货人"和"收货人地址"栏填记的内容，并加盖站名戳记。

【关于铁路货运实行门到门运输及制定调整相关费目和费率的通知（铁总运〔2013〕39号）】关于运单填写的说明：

在专用线发、到的货物，应按《铁路专用线专用铁路名称表》规定的名称和代码在"专用线名称"栏和"专用线代码"栏准确填记。

"选择服务"栏，主要供托运人按照需求选择"门到门""门到站""站到门""站到站"等服务项目中的一种，选择哪一项，在对应的□前划√，并可相应选择辅助服务内容。只需仓储服务时，可单独选择仓储。

选择门到门、门到站、站到门运输的，应在"取货地址"栏和"送货地址"栏详细准确填写上门取、送货地址，以及能随时联系到的联系人和电话。

为防止货物冒领，车站承运货物时，要将运单、领货凭证左右平行对齐，不得有空隙，在货物运单和领货凭证骑缝处，上下加盖两个发站承运日期戳（不可重叠）。骑缝戳记要清晰，并与本批货物运单和领货凭证上的承运日期戳记相同。

任务3　填制集装箱货物运单

3.1　实训目标

通过集装箱货物运单填制作业的训练，使学生能够根据客户货运需求订单，通过中国铁路货运电子商务系统正确、快速地完成集装箱货物运单的填制，并准确加盖相应戳记。

3.2　实训内容

（1）通过中国铁路货运电子商务系统提取集装箱货物运单相关信息；

（2）根据《货规》《铁路集装箱运输规则》等相关规定完善运单信息，并确保正确无误；

（3）打印集装箱货物运单；

（4）审核无误，托运人盖章或签字；

（5）承运货运员加盖承运日期戳，并签章；

（6）在运单和领货凭证上加盖"×吨集装箱"戳记，如一批货物保价金额在50万元以上，应在货物运单上加盖"⚠"戳记。

3.3 实训实例

发站：通辽。

到站：南昌北。

托运人：内蒙古蒙牛乳业科尔沁有限责任公司。

收货人：南昌市铁联储运发展有限公司。

品名：奶制品。

质量：43.580 t。

拟使用2个20 ft*集装箱装运，保价60万元。

其他未给定条件自拟。

请按规定受理该批集装箱货物，并填写货物运单。

3.4 实训依据

【铁路货物运输规程】关于运单填制的规定：

与任务2相同，内容略。

此外，对危险货物、鲜活货物或使用集装箱运输的货物，除填记货物的完整名称外，并应按货物性质，在运单右上角用红色墨水书写或用加盖红色戳记的方法，注明"爆炸品""氧化剂""毒害品""腐蚀物品""易腐货物""×吨集装箱"等字样。

【关于铁路货运实行门到门运输及制定调整相关费目和费率的通知（铁总运〔2013〕39号）】关于运单填写的说明：

与任务2相同，内容略。

【铁路集装箱运输规则】关于运单填写的规定：

集装箱装运多种品名的货物不能在运单内逐一填记时，托运人应按箱提出物品清单一式三份。加盖车站日期戳后，一份由发站存查；一份随同运送票据递交到站；一份退还托运人。

集装箱内单件货物的质量超过100 kg时，应当在运单"托运人记载事项"栏内分别注明实际质量。

在专用铁路、铁路专用线卸车的集装箱，应当在运单"托运人记载事项"栏内记明"在

---

* 1 ft = 0.304 8 m

×××专用铁路（铁路专用线）卸车"。

托运人施封后，应当在运单上逐箱填记集装箱箱号和相应的施封号码。已填记的箱号和施封号码不得随意更改；需要更改时，由托运人在更改处盖章证明。

集装箱运输的货物，发站应在承运人指定的进站日期当日接收完毕并在货物运单上加盖车站日期戳。

托运人应当如实填记运单。箱内所装货物的品名、件数、质量及使用的箱型、箱号、封印号等应当与运单（物品清单）记载的内容相符。

任务4　填制危险货物运单

4.1　实训目标

通过危险货物运单填制作业的训练，使学生能够根据客户货运需求订单，通过中国铁路货运电子商务系统正确、快速地完成危险货物运单的填制，并准确加盖相应戳记。

4.2　实训内容

（1）通过中国铁路货运电子商务系统提取危险货物运单相关信息；

（2）根据《货规》《危规》的相关规定完善运单信息，并确保正确无误；

（3）打印危险货物运单；

（4）审核无误，托运人盖章或签字；

（5）承运货员加盖承运日期戳，并签章；

（6）在货物运单的右上角加盖红色戳记以标明危险货物类项名称、编组隔离要求、禁止溜放或限速连挂等。

4.3　实训实例

发站：沈阳。

到站：白银西。

品名：烟花爆竹。

件数：1 800箱。

货重：36 t。

货物外包装为纸箱，使用P_{62}3365897棚车装运，标重60 t，保价28万元，施封锁两枚。其他未给定条件自拟。

请按规定填写货物运单。

4.4 实训依据

【铁路货物运输规程】关于运单填制的规定：

与任务 2 相同，内容略。

"货物名称"栏应按《铁路货物运价规则》附表二"货物运价分类表"或国家产品目录，危险货物则按《危险货物运输规则》附件一"危险货物品名索引表"所列的货物名称完全、正确填写。托运危险货物应在品名之后用括号注明危险货物编号。"货物运价分类表"或"危险货物品名索引表"内未经列载的货物，应填写生产或贸易上通用的具体名称。但须用《铁路货物运价规则》附件一相应类项的品名加括号注明。

对危险货物、鲜活货物或使用集装箱运输的货物，除填记货物的完整名称外，并应按货物性质，在运单右上角用红色墨水书写或用加盖红色戳记的方法，注明"爆炸品""氧化剂""毒害品""腐蚀物品""易腐货物""×吨集装箱"等字样。

【关于铁路货运实行门到门运输及制定调整相关费目和费率的通知（铁总运〔2013〕39号）】关于运单填写的说明：

与任务 2 相同，内容略。

【铁路危险货物运输管理暂行规定】关于运单填写的规定：

托运人托运危险货物时，应如实表明收货人名称、货物的名称、性质、质量、数量等，不得匿报、谎报品名、性质、质量，不得在普通货物中夹带危险货物。

托运人托运危险货物时，应在货物运单"货物名称"栏内填写信息化品名和铁危编号，在货物运单的右上角用红色戳记标明类项名称，并在货物运单"托运人记载事项"栏内填写经办人身份证号码，对派有押运员的还需填写押运员姓名、身份证号码。

《品名表》"特殊规定"栏规定符合按普通货物运输条件的，可按普通货物条件运输。运输时，经铁路局批准后可在非危险货物办理站（专用线）发运。托运人应在货物运单"托运人记载事项"栏内注明"×××（铁危编号），可按普通货物运输"，其包装、标志应符合本规定关于危险货物运输包装的相应规定。

托运爆炸品或烟花爆竹时，托运人须相应出具运达地县级人民政府公安部门核发的《民用爆炸物品运输许可证》或《烟花爆竹道路运输许可证》，均应在货物运单"托运人记载事项"栏内注明许可证名称和号码，并在货物运单右上角用红色戳记相应标明"爆炸品"或"烟花爆竹"字样。

货物运单包装栏应按《铁路危险货物包装表》（以下简称《包装表》）的规定填写相应的外包装和内包装名称。

凡性质不稳定或由于聚合、分解在运输中能引起剧烈反应的危险货物，托运人应采用加入稳定剂或抑制剂等方法，保证运输安全，如乙烯基甲醚、乙酰乙烯酮、丙烯醛、丙烯酸、醋酸乙烯、甲基丙烯酸甲酯等，并在货物运单"托运人记载事项"内填写"已加入稳定剂或抑制剂"字样。

货物运单右上角用红色戳记标明编组隔离、禁止溜放或限速连挂等警示标记。

新品名试运时，由托运人在货物运单"托运人记载事项"栏内注明"比照铁危编号×××新品名试运，批准号×××"字样。新包装试运时，由托运人在货物运单"托运人记载事项"栏内注明"新包装试运，批准号×××"字样。

派有押运员的成组危险货物车辆，要求成组连挂，不得拆解；发站应在该组车辆每一张货物运单、货票上注明"成组连挂，不得拆解"，并将该组票据单独装入封套（剧毒品除外），封套上注明"成组连挂，不得拆解"。

剧毒品是指《品名表》中第 6 类一级毒性物质。《品名表》"特殊规定"栏有特殊规定 67 号的，均实行铁路剧毒品运输跟踪管理，运输时采用剧毒品黄色专用运单，并在运单上印有骷髅图案。

托运"短寿命"放射性物品时，应在货物运单"托运人记载事项"栏内注明货物容许运输期限。容许运输期限应大于铁路货物运到期限三天。

在《国际海运危险货物规则》和《国际铁路货物联运协定》附件 2《危险货物运送规则》等有关国际运输组织的规定中属危险货物，本规定按普通货物运输的，按第五章有关要求办理运输，包装和标志应符合上述有关国际运输组织的规定。托运人应在货物运单"托运人记载事项"栏内注明"转运进（出）口"字样。

办理非国际联运的危险货物时，同属危险货物但包装方法不同时，进口的货物，经托运人确认包装完好，符合安全运输要求，并在货物运单"托运人记载事项"栏内注明"进口原包装"字样，由托运人或代理人提供有关的包装检测资料，车站请示铁路局批准后，可按原包装方法运输；出口的货物，托运人应按本规定第五章有关规定办理。

任务 5　填制超限货物运单

5.1　实训目标

通过超限货物运单填制作业的训练，使学生能够根据客户货运需求订单，通过中国铁路货运电子商务系统正确、快速地完成超限货物运单的填制，并准确加盖相应戳记。

5.2　实训内容

（1）通过中国铁路货运电子商务系统提取超限货物运单相关信息；

（2）根据《货规》《超规》的相关规定完善运单信息，并确保正确无误；

（3）打印超限货物运单；

（4）审核无误，托运人盖章或签字；

（5）承运货运员加盖承运日期戳，并签章；

（6）加盖戳记：在货物运单上加盖"超限货物"戳记，以连挂车组装运时，应注明"连挂车组不得分摘"；限速运行时，应注明"限速××km"。

5.3　实训实例

发站：包头东。

到站：石家庄。

品名：机床。

二级超限货物。

件数：1件。

货重：45 t。

使用 N_6 型平车装运，标重 60 t，在专用线装车（专用线里程 5.2 km），保价 20 万元。

其他未给定条件自拟。

请按规定填写该批货物运单。

5.4 实训依据

【铁路货物运输规程】关于运单填制的规定：

与任务 2 相同，内容略。

【关于铁路货运实行门到门运输及制定调整相关费目和费率的通知（铁总运〔2013〕39 号）】关于运单填写的说明：

与任务 2 相同，内容略。

【铁路超限超重货物运输规则】关于运单填写的规定：

装车后，发站应填写超限超重货物运输记录（格式二），在货物运单、货票、票据封套、编组顺序表上注明"超限货物""超重货物"或"超限超重货物"；以连挂车组装运时，应注明"连挂车组不得分摘"；限速运行时，应注明"限速××km"。并按规定在车辆上插放货车表示牌。

核算制票作业训练

项目概述

铁路货物运输费用是对铁路运输企业所提供的各项生产服务消耗的补偿，包括营业站费用、运行费用、服务费用和额外占用铁路设备的费用等，通过本项目的训练能按照铁路运费计算程序正确计算出各种条件下的铁路货物运费，并正确填制货票。

任务 1 填制普通整车货物运输货票

1.1 实训目标

通过普通整车货物运输货票填制作业的训练，使学生能够准确填制普通整车货物运输货票各栏，正确确定运杂费项目及运杂费金额，独立完成填制普通整车货物运输货票作业。

1.2 实训内容

（1）确认货票系统屏幕上方用红色字体显示的工作日期是否正确，显示的货票号码与实际需要打印的空白货票的号码是否一致，确认无误进行下一步。

（2）根据《货规》等要求正确输入货票各栏。

① 输入号码、运单号码：可将运单内容转记到货票上；

② 输入车站名称：可采用电报码、拼音码、汉字三种输入方式，按 F2 键查看发到站的计费里程和经由站等相关信息；

③ 输入车种车号：输入时注意车种和车号之间用空格分隔；

④ 输入施封/篷布；

⑤ 输入发货人/收货人；

⑥ 输入货物品名：可通过汉字品名字串、拼音字头、品名代码三种方式输入，运价号、运价率自动产生；

⑦ 输入件数和质量；

⑧ 输入保险保价：如果要输入保价金额，按 F7 可切换保险保价状态；

⑨ 输入记事：整车制票时，货票上要打印上装车标记"托运人装车"或"承运人装车"，在制票的软件界面中，可以通过按 F10 键在承运人装车和托运人装车之间转换；

⑩ 核收装卸费：整车货物运输时，根据货物品类确定装卸费费率。

（3）打印货票，加盖承运日期戳。

（4）加盖红色戳记。

1.3 实训实例

发站：北郊。

到站：张贵庄。

托运人：上海烟草（集团）有限责任公司。

收货人：上海烟草集团有限责任公司天津卷烟厂仓储部。

品名：烟梗。

件数：500 箱。

货重：30 t。

承运人装车，使用 $P_{62K}3113611$ 棚车装运，标重 60 t，保价 4 万元，施封锁两枚。

其他未给定条件自拟。

请按规定填制该批货物运输货票。

1.4 实训依据

【铁路货物运输规则】关于货票填写的规定：

"货票第××号"栏，根据该批货物所填发的货票号码填写。

"运到期限××日"栏，填写按规定计算的货物运到期限日数。

"经由"栏，货物运价里程按最短径路计算时，本栏可不填；按绕路经由计算运费时，应填记绕路经由的接算站名或线名。

"运价里程"栏，填写发站至到站间最短径路的里程，但绕路运输时，应填写绕路经由的里程。

"承运人确定质量"栏，货物质量由承运人确定的，应将检斤后的货物质量，按货物名称及包装种类分别用千克填记。"合计质量"栏填记该批货物总质量。

"计费质量"栏，整车货物填记货车标记载质量或规定的计费质量；零担货物和集装箱货物，填记按规定处理尾数后的质量或起码质量。

"运价号"栏，按"货物运价分类表"规定的该货物运价号填写。

"运价率"栏，按该批货物确定的运价号和运价里程，从"货物运价率表"中找出该批（项）货物适用的运价率填写。

"发站承运日期"栏，由发站加盖承运当日的车站日期戳。

【关于铁路货运实行门到门运输及制定调整相关费目和费率的通知（铁总运〔2013〕39号）】关于运到期限计算的说明：

计算货物运到期限时，需要上门装、卸货物，各另加 1 日；需要门到发站、到站到门接取送达货物，各另加 1 日。

【关于印发《铁路门到门运输一口价实施办法（暂行）》的通知（铁总运〔2013〕40号）】关于门到门一口价及核算的说明：

铁路门到门运输一口价（以下简称门到门一口价）是指货物从托运人指定上门到货地点装车开始、接运至发站、运输至到站、送达卸货至收货人指定到门收货地点止的全过程运输服务中发生的费用。

门到门一口价费用包含运费、铁路建设基金、电气化附加费、特定线路运费、特定加价运费和发站实际发生的接取送达费、取送车费、装卸费、保价费、集装箱使用费、货车篷布使用费、D型长大货物车使用费、押运人乘车费、集装箱延期使用费、装载加固材料费等杂费，以及到站发生的装卸费、取送车费、接取送达费、翻卸车维检费等杂费。

门到门一口价费用整车货物在装车完毕，由发站使用货票向托运人一次收取，货票中列清各项费用和金额。

【中国铁路总公司关于修改确定货物重量有关规定的通知（铁总运〔2013〕53号）】关于货物质量确定的规定：

铁路运输货物，除一件质量超过车站衡器最大称量的货物外，由承运人确定质量。

【铁路货物运价规则】关于整车货物运费核算的规定：

计算货物运输费用的程序：

（1）按《货物运价里程表》（附件四）计算出发站至到站的运价里程。

（2）根据货物运单上填写的货物名称查找"铁路货物运输品名分类与代码表"（附件一）、《铁路货物运输品名检查表》（附件三），确定适用的运价号。

（3）整车货物按货物适用的运价号，分别在"铁路货物运价率表"（附件二）中查出适用的运价率（即基价1和基价2，以下同）。

（4）货物适用的基价1加基价2与货物的运价里程相乘之后，再与按本规则确定的计费质量相乘，计算出运费。

货物运费的计费质量，整车货物以吨为单位，吨以下四舍五入。

任务 2 填制集装箱货物运输货票

2.1 实训目标

通过集装箱货物运输货票填制作业的训练，使学生能够准确填制集装箱货物运输货票各栏，正确确定运杂费项目及运杂费金额，独立完成填制集装箱货物运输货票作业。

2.2 实训内容

（1）确认货票系统屏幕上方用红色字体显示的工作日期是否正确，显示的货票号码与实际需要打印的空白货票的号码是否一致，确认无误进行下一步。

（2）根据《货规》《铁路集装箱运输规则》等要求正确输入货票各栏。

① 输入号码、运单号码：可将运单内容转记到货票上；

② 输入车站名称：可采用电报码、拼音码、汉字三种输入方式，按 F2 键查看发到站的计费里程和经由站等相关信息；

③ 输入车种车号：输入时注意车种和车号之间用空格分隔；

④ 输入施封；

⑤ 输入发货人/收货人；

⑥ 输入货物品名：可通过汉字品名字串、拼音字头、品名代码三种方式输入；

⑦ 输入件数和质量；

⑧ 输入保险保价：如果要输入保价金额，按 F7 键可切换保险保价状态；

⑨ 集装箱操作：输入集装箱箱型、箱号，在集装箱制票过程中，注意发到站办理限制；

⑩ 输入记事；

⑪ 专用线操作：专用线卸后原地利用，不核收发站取送车费；

⑫ 核收装卸费。

（3）打印货票，加盖承运日期戳。

（4）加盖红色戳记。

2.3 实训实例

发站：通辽。

到站：南昌北。

托运人：内蒙古蒙牛乳业科尔沁有限责任公司。

收货人：南昌市铁联储运发展有限公司。

品名：奶制品。

质量：43.580 t。

拟使用 2 个 20 ft 集装箱装运，保价 60 万元。

其他未给定条件自拟。

请按规定填制该批货物运输货票。

2.4 实训依据

【铁路货物运输规则】关于货票填写的规定：

与任务 1 相同，内容略。

"包装"栏记明包装种类，使用集装箱运输的货物或只按质量承运的货物，本栏可以省略不填。

"集装箱号码"栏，填写装运该批货物的集装箱的箱号。

"计费质量"栏，集装箱货物，填记按规定处理尾数后的质量或起码质量。

【关于印发《铁路门到门运输一口价实施办法（暂行）的通知（铁总运〔2013〕40 号）】关于门到门一口价及核算的说明：

与任务 1 相同，内容略。

门到门一口价费用集装箱在接收完毕，由发站使用货票向托运人一次收取，货票中列清各项费用和金额。

【铁路货物运价规则】关于集装箱货物运费核算的规定：

集装箱货物的运费按照使用的箱数和"铁路货物运价率表"中规定的集装箱运价率计算。

罐式集装箱、其他铁路专用集装箱按"铁路货物运价率表"中规定的运价率分别加 30%、20% 计算；标记总质量为 30.480 t 的通用 20 ft 集装箱按"铁路货物运价率表"中规定的运价率加 20% 计算，按规定对集装箱总重限制在 24 t 以下的除外。

装运一级毒害品（剧毒品）的集装箱按"铁路货物运价率表"中规定的运价率加 100% 计算；装运爆炸品、压缩气体和液化气体、一级易燃液体（代码表 02 石油类除外）、一级易燃固体、一级自燃物品、一级遇湿易燃物品、一级氧化剂和过氧化物、二级毒害品、感染性物品、放射性物品的集装箱，按"铁路货物运价率表"中规定的运价率加 50% 计算。

装运危险货物的集装箱按上述两款规定适用两种加成率时，只适用其中较大的一种加成率。

自备集装箱空箱运价率按"铁路货物运价率表"规定重箱运价率的 40% 计算。

承运人利用自备集装箱回空捎运货物，按集装箱重箱适用的运价率计费，在货物运单铁路记载事项栏内注明，免收回空运费。

任务 3　填制危险货物运输货票

3.1　实训目标

通过危险货物货票填制作业的训练，使学生能够准确填制危险货物运输货票各栏，正确确定运杂费项目及运杂费金额，独立完成填制危险货物运输货票作业。

3.2　实训内容

（1）确认货票系统屏幕上方用红色字体显示的工作日期是否正确，显示的货票号码与实际需要打印的空白货票的号码是否一致，确认无误进行下一步。

（2）根据《货规》《危规》等要求正确输入货票各栏。

① 输入号码、运单号码：可将运单内容转记到货票上；

② 输入车站名称：可采用电报码、拼音码、汉字三种输入方式，按 F2 键查看发到站的计费里程和经由站等相关信息；

③ 输入车种车号：输入时注意车种和车号之间用空格分隔，剧毒品押运棚车的制票，在车种车号栏可以直接输入车种车号，品名处输入"剧毒品押运棚车"，品名拼音码为"JDPYY"，按 7 号运价计费；

④ 输入施封；

⑤ 输入发货人/收货人；

⑥ 输入货物品名：可通过汉字品名字串、拼音字头、品名代码三种方式输入；

⑦ 输入件数和质量；

⑧ 输入保险保价：如果要输入保价金额，按 F7 键可切换保险保价状态；

⑨ 输入记事：在货车装运爆炸品、压缩气体和液化气体、一级易燃固体、一级自燃物品、一级遇湿易燃物品、一级氧化剂和过氧化物等货物时，制票时应该选择"jsb191"，计算时运价率加成 50%；

⑩ 专用线操作：专用线卸后原地利用，不核收发站取送车费；

⑪ 核收装卸费：对于爆炸品、易燃液体、剧毒品、放射性物质、一级腐蚀性物质和石墨（粉）可加成 100%，由程序自动判断加成。

（3）打印货票，加盖承运日期戳。

（4）加盖红色戳记。

3.3　实训实例

发站：沈阳。

到站：白银西。

品名：烟花爆竹。

件数：1 800 箱。

货重：36 t。

货物外包装为纸箱。

使用 P_{62} 3365897 棚车装运，标重 60 t，保价 28 万元，施封锁两枚。

其他未给定条件自拟。

请按规定填制该批货物的货票。

3.4　实训依据

【铁路货物运输规则】关于货票填写的规定：

与任务 1 相同，内容略。

【关于印发《铁路门到门运输一口价实施办法（暂行）》的通知（铁总运〔2013〕40 号）】关于门到门一口价及核算的说明：

与任务 1 相同，内容略。

【铁路危险货物运输管理规则】关于危险货物运输货票加盖戳记的规定：

派有押运员的成组危险货物车辆，要求成组连挂，不得拆解；发站必须在该组车辆每一张货票上注明"成组连挂，不得拆解"，并将该组票据单独装入封套（剧毒品除外），封套上注明"成组连挂，不得拆解"。

新造出厂的和洗罐站洗刷后送检修站的及检修后首次返空的气体类危险货物罐车不需押运，但须在货票注明"新造车出厂""洗刷后送检修站"或"检修后返空"字样。

【铁路货物运价规则】关于危险货物运费核算的规定：

运输危险货物，根据危险货物的性质、等级按下列规定计费：

（1）一级毒害品（剧毒品）按运价率加 100%；

（2）爆炸品、压缩气体和液化气体、一级易燃液体（代码表 02 石油类除外）、一级易燃固体、一级自燃物品、一级遇湿易燃物品、一级氧化剂和过氧化物、二级毒害品、感染性物品、放射性物品按运价率加 50%。

任务 4　填制超限货物运输货票

4.1　实训目标

通过超限货物运输货票填制作业的训练，使学生能够准确填制超限货物运输货票各栏，正确确定运杂费项目及运杂费金额，独立完成填制超限货物运输货票作业。

4.2　实训内容

（1）确认货票系统屏幕上方用红色字体显示的工作日期是否正确，显示的货票号码与实际需要打印的空白货票的号码是否一致，确认无误进行下一步。

（2）根据《货规》《超规》等要求正确输入货票各栏。

① 输入号码、运单号码：可将运单内容转记到货票上；

② 输入车站名称：可采用电报码、拼音码、汉字三种输入方式，按 F2 键查看发到站的计费里程和经由站等相关信息；

③ 输入车种车号：输入时注意车种和车号之间用空格分隔，使用游车制票时，车号输入按安装编组顺序进行输入，例如 $NX_{17K}5277070$ $D_{22}5621267$ $N_{17AK}5062799$，两个 NX_{17K} 车是游车，D_{22} 为主车；

④ 输入发货人/收货人；

⑤ 输入货物品名：可通过汉字品名字串、拼音字头、品名代码三种方式输入；

⑥ 输入件数和质量；

⑦ 输入保险保价：如果要输入保价金额，按 F7 键可切换保险保价状态；

⑧ 输入记事；

⑨ 专用线操作：专用线卸后原地利用，不核收发站取送车费；

⑩ 核收装卸费。

（3）打印货票，加盖承运日期戳。

（4）加盖红色戳记。

4.3　实训实例

发站：包头东。

到站：石家庄。

品名：机床。

二级超限货物。

件数：1 件。

货重：45 t。

使用 N_6 型平车装运，标重 60 t，在专用线装车（专用线里程 5.2 km），保价 20 万元。

其他未给定条件自拟。

请按规定填制该批货物的货票。

4.4　实训依据

【铁路货物运输规则】关于货票填写的规定：

与任务 1 相同，内容略。

【关于印发《铁路门到门运输一口价实施办法（暂行）》的通知（铁总运〔2013〕40 号）】关于门到门一口价及核算的说明：

与任务 1 相同，内容略。

【铁路超限超重货物运输规则】关于超限货物运输货票加盖戳记的规定：

装车后，发站应填写超限货物运输记录，在货物运输货票上注明"超限货物"或"超限超重货物"；以连挂车组装运时，应注明"连挂车组不得分摘"；限速运行时，应注明"限速×× km"。

【铁路货物运价规则】关于超限货物运费核算的规定：

运输超限货物，发站应将超限货物的等级在货物运单内注明，按下列规定计费：

（1）一级超限货物：按运价率加 50%；

（2）二级超限货物：按运价率加 100%；

（3）超级超限货物：按运价率加 150%。

对安装超限货物检查架的车辆，不另收运费。

需要限速运行(不包括仅通过桥梁、隧道、出入站线限速运行)的货物，按运价率加 150%计费。

需要限速运行的超限货物，只核收本条规定的加成运费，不另核收超限货物加成运费。

超限货物使用游车时，游车运费按主车货物的运价率和游车标重计费。利用游车装运货物，所装货物运价率高于主车货物运价率时，按所装货物的运价率核收游车运费。

运输超限货物或需要限速运行的货物使用游车时，游车运费不加成。

两批货物共同使用游车时，游车运费各按主车货物的运价率及游车标重的 1/2 计费。

任务 5　填制超长货物运输货票

5.1　实训目标

通过超长货物运输货票填制作业的训练,使学生能够准确填制超长货物运输货票各栏,正确确定运杂费项目及运杂费金额,独立完成填制超长货物运输货票作业。

5.2　实训内容

(1)确认货票系统屏幕上方用红色字体显示的工作日期是否正确,显示的货票号码与实际需要打印的空白货票的号码是否一致,确认无误进行下一步。

(2)根据《货规》等要求正确输入货票各栏。

① 输入号码、运单号码:可将运单内容转记到货票上;

② 输入车站名称:可采用电报码、拼音码、汉字三种输入方式,按 F2 键查看发到站的计费里程和经由站等相关信息;

③ 输入车种车号:输入时注意车种和车号之间用空格分隔,使用游车制票时,车号输入按安装编组顺序进行输入,例如 $NX_{17K}5277070$ $D_{22}5621267$ N_{17AK} 5062799,两个 NX_{17K} 车是游车,D_{22} 为主车;

④ 输入发货人/收货人;

⑤ 输入货物品名:可通过汉字品名字串、拼音字头、品名代码三种方式输入;

⑥ 输入件数和质量;

⑦ 输入保险保价:如果要输入保价金额,按 F7 键可切换保险保价状态;

⑧ 输入记事;

⑨ 专用线操作:专用线卸后原地利用,不核收发站取送车费;

⑩ 核收装卸费。

(3)打印货票,加盖承运日期戳。

(4)加盖红色戳记。

5.3　实训实例

发站:廊坊。

到站:南仓。

品名:水泥电杆。

件数:1 件。

货重:55 t。

使用 1 辆 N_{17} 型平车突出装载，另用 N_{16} 1 辆作游车，保价 9 000 元。

其他未给定条件自拟。

请按规定填制该批货物的货票。

5.4　实训依据

【铁路货物运输规则】关于货票填写的规定：

与任务 1 相同，内容略。

【关于印发《铁路门到门运输一口价实施办法（暂行）》的通知（铁总运〔2013〕40 号）】关于门到门一口价及核算的说明：

与任务 1 相同，内容略。

【铁路货物运价规则】关于超长货物运费核算的规定：

超长货物使用游车时，游车运费按主车货物的运价率和游车标重计费。利用游车装运货物，所装货物运价率高于主车货物运价率时，按所装货物的运价率核收游车运费。

运输需要限速运行的货物使用游车时，游车运费不加成。

两批货物共同使用游车时，游车运费各按主车货物的运价率及游车标重的 1/2 计费。

D 型长大货物车运输货物需用隔离车时，隔离车不另核收运费。隔离车加装货物时，按所加装货物适用的运价率核收运费。

【铁路货物运价规则】关于 D 型长大货物车使用费的规定：

使用铁路 D 型长大货物车装运货物时，除核收运费外，并核收下列费用：

（1）按确定的计费质量、运价里程，核收 D 型长大货物车使用费。

（2）按货车轴数，核收 D 型长大货物车回送费，托运人取消托运时，仍核收此项费用。

任务 6　填制鲜活货物运输货票

6.1　实训目标

通过鲜活货物运输货票填制作业的训练，使学生能够准确填制鲜活货物运输货票各栏，正确确定运杂费项目及运杂费金额，独立完成填制鲜活货物运输货票作业。

6.2　实训内容

（1）确认货票系统屏幕上方用红色字体显示的工作日期是否正确，显示的货票号码与实际需要打印的空白货票的号码是否一致，确认无误进行下一步。

（2）根据《货规》《鲜规》等要求正确输入货票各栏。

① 输入号码、运单号码：可将运单内容转记到货票上；

② 输入车站名称：可采用电报码、拼音码、汉字三种输入方式，按 F2 键查看发到站的计费里程和经由站等相关信息；

③ 输入车种车号：输入时注意车种和车号之间用空格分隔；

④ 输入施封；

⑤ 输入发货人/收货人；

⑥ 输入货物品名：可通过汉字品名字串、拼音字头、品名代码三种方式输入；

⑦ 输入件数和质量；

⑧ 输入保险保价：如果要输入保价金额，按 F7 键可切换保险保价状态；

⑨ 输入记事；

⑩ 专用线操作：专用线卸后原地利用，不核收发站取送车费；

⑪ 核收装卸费。

（3）打印货票，加盖承运日期戳。

（4）加盖红色戳记。

6.3　实训实例

发站：衡阳北。

到站：成都东。

苹果重：36 t。

保价运输，货物价值 12 万元。

使用 B10 型机械冷藏车 1 辆（标重 38 t）装运，途中不需要制冷。

其他未给定条件自拟。

请按规定填制该批货物的货票。

6.4　实训依据

【铁路货物运输规则】关于货票填写的规定：

与任务 1 相同，内容略。

【关于印发《铁路门到门运输一口价实施办法（暂行）》的通知（铁总运〔2013〕40 号）】关于门到门一口价及核算的说明：

与任务 1 相同，内容略。

【铁路鲜活货物运输规则】关于鲜活货物运输货票加盖戳记的规定：

发站承运易腐货物后应在货物运单、货票、封套上分别加盖红色"易腐货物"、⚠（⚠表示须快速挂运的货车）戳记。

对承运的活动物，发站应在货物运单、货票、封套上注明"活动物"和"禁止溜放"字样。

【铁路货物运价规则】关于鲜活货物运费核算的规定：

使用机械冷藏车运输的货物按"铁路货物运价率表"中规定的冷藏车运价率计费。

使用铁路机械冷藏车运输，要求途中保持温度 – 12 ℃（不含）以下的货物，按机械冷藏车运价率加 20%计费。

途中不需要加温（或托运人自行加温）或制冷的机械冷藏车按机械冷藏车运价率减 20%计费。

自备冷藏车、隔热车(即无冷源车）和代替其他货车装运非易腐货物的铁路冷藏车，均按所装货物适用的运价率计费。

实训项目 3

到达交付作业训练

项目概述

　　到达交付工作是保证铁路空车来源的重要环节，通过本项目训练能完成货物到达的票据交接、货物交付及使用杂费收据进行运输费用的最后结算。

任务 1　到达票据交付

1.1　实训目标

　　通过到达票据交付作业的训练，使学生掌握到达票据交付作业流程，能够准确查验领货凭证，确认正当收货人名称及领货人证件，以确保无误，并能够正确、迅速地完成换票作业。

1.2　实训内容

　　（1）货物到达后，向收货人发出催领通知，并在货票内记明通知方法和时间；
　　（2）收货人持领货凭证或有效证明文件到铁路营业网点办理；
　　（3）货运员查验领货凭证或有效证明文件；
　　（4）收货人在货票丁联上盖章或签字，并注明证件名称号码；
　　（5）货运员将领货凭证或证明粘贴在货票丁联背面；
　　（6）货运员在货物运单、货票丁联上加盖车站交付日期戳和经办人章；
　　（7）货运员将货物运单及随货同行的单据交付收货人。

1.3　实训实例

　　包头北站 5 月 10 日承运一批卷钢，收货人为天津兵工物资有限公司，经办人田丰，联系电话为 022-22226666。货物于 5 月 14 日到达张贵庄站，站到站运输，承运人组织卸车。卸车完了，请问张贵庄站货运员如何办理票据交付业务？

1.4　实训依据

【铁路货物运输规程】关于货物催领通知的规定：

　　承运人组织卸车的货物，到站应不迟于卸车完了的次日内，用电话或书信向收货人发出催领通知，并在货票内记明通知的方法和时间。有条件的车站可采用电报、挂号信、长途电话、登广告等通知方法，收货人也可与到站商定其他通知方法。采用电报等方法或商定的方法通知的，车站应按实际支出向收货人核收催领通知费用。

【铁路货物运输规程】关于货运记录交付收货人的规定：

到达到站的货物，如已编有记录或发现有货物损失可疑痕迹，到站必须复查质量或现状。如已构成货运损失，到站应在交付货物时，将货运记录交给收货人。

【铁路货物运输规程】关于领货凭证丢失处理的规定：

收货人在到站领取货物时，须提出领货凭证，并在货票丁联上盖章或签字。如领货凭证未到或丢失时，机关、企业、团体应提出本单位的证明文件；个人应提出本人居民身份证、工作证（或户口簿）或服务所在单位（或居住所在单位）出具的证明文件。用本人的居民身份证、工作证或户口簿作证件时，车站应将姓名、工作单位名称、住址及证件号码详细记载在货票丁联上；用证明文件时，应将领取货物的证明文件粘贴在货票丁联上。

任务 2　到达货物交付

2.1　实训目标

通过到达货物交付作业的训练，使学生掌握到达货物交付作业流程，能够及时点交货物，使收货人尽快将货物搬出货场，并能够正确处理不同情况下到达货物的交付。

2.2　实训内容

（1）收货人提出货物运单；
（2）交付货运员审查货物运单；
（2）交付货运员根据运单记载的货物名称和件数向收货人点交货物；
（4）收货人核实货物名称和件数，确保无误；
（5）交付货运员在运单上加盖"货物交讫"戳记，记明交付完毕的时间；
（6）收货人持加盖"货物交讫"戳记的运单将货物搬出货场。

2.3　实训实例

包头北站 5 月 10 日承运一批卷钢，收货人为天津兵工物资有限公司，经办人田丰，联系电话为 022-22226666。货物于 5 月 14 日到达张贵庄站，站到站运输，承运人组织卸车。收货人到张贵庄站营业厅办理完换票业务，拿到货物运单。请问接下来张贵庄站与收货人如何办理到达货物的交付？

2.4　实训依据

【铁路货物运输规程】关于到达货物交付的其他情形的规定：

承运人组织卸车和发站由承运人组织装车、到站由收货人组织卸车的货物，在向收货人点交货物或办理交接手续后，即为交付完毕；发站由托运人组织装车、到站由收货人组织卸车的货物，在货车交接地点交接完毕，即为交付完毕。

【铁路货物运输规程】关于收货人不能在货物交付当日全批搬出的规定：

在实行整车货物承运前保管的车站，货物交付完毕后，如收货人不能在当日将货物全批搬出车站时：对其剩余部分，按质量和件数承运的货物，可按件点交车站负责保管；只按质量承运的货物，可向车站声明。

【铁路货物运输规程】关于收货人领取货物的规定：

在车站公共场所内卸车的整车蔬菜、瓜果、牲畜、散堆装货物，收货人在领取货物时，应将货物的防护、衬垫物和从货位清扫出的残留物全部搬出。

任务 3　填制杂费收据

3.1　实训目标

通过杂费收据填制的训练，使学生能够准确确定杂费收费项目，并根据最新杂费费率正确核算各项杂费，完成杂费收据的填制。

3.2　实训内容

（1）核实铁路货物运输过程中实际发生的杂费项目；

（2）根据《价规》中"铁路货运营业杂费费率表"及相关文件的规定计算杂费；

（3）将各项杂费填制在杂费收据上，保证杂费收据各栏完整正确；

（4）打印杂费收据，并加盖车站日期戳及制票人签章。

3.3　实训实例

【实例 1】 大同站发镇江南站镇江市矿产公司专用线（距车站中心线 4.5 km）6 辆煤车（一批作业车数 8 车，每车标重 60 t、货重 60 t），8 月 15 日 8 点 30 分，由铁路机车送到矿产专用线卸车，于 11 点 40 分卸完，通知铁路取车，该专用线于 8 月 20 日办理交付手续。请计算镇江南站应核收的费用，并按规定填制运费杂费收据。

【实例 2】 包头北站 5 月 10 日承运一批卷钢，收货人为天津兵工物资有限公司，经办人田丰，联系电话为 022-22226666。货物于 5 月 14 日到达张贵庄站，站到门运输，承运人组织卸车,到站到门的送达费用由收货人支付,已知张贵庄站距天津兵工物资有限公司 16.3 km。14 日卸车完了,车站货运员发出催领通知,请天津兵工物资有限公司做好收货准备。天津兵工物资有限公司于 5 月 15 日办理完货物交付,由于公司库存积压过多,因此请求张贵庄站为其提供仓储服务,于 5 月 20 日再送货。请根据上述情况,核收该批货物的杂费并填制杂费收据。

3.4　实训依据

【铁路货物运价规则】关于取送车费核收的规定:

第 34 条　用铁路机车往专用线、货物支线(包括站外出岔)或专用铁路的站外交接地点调送车辆时,核收取送车费。计算取送车费的里程,应自车站中心线起算,到交接地点或专用线最长线路终端止,里程往返合计(不足 1 km 的尾数进整为 1 km),取车不另收费。

向专用线取送车,由于货物性质特殊或设备条件等原因,托运人、收货人要求加挂隔离车时,隔离车按需要使用的车数核收取送车费。

托运人或收货人使用铁路机车进行取送车辆以外的其他作业时,另核收机车作业费。

【关于调整机车作业费、取送车费费率的通知(铁运〔2008〕138 号)】:

(1)机车作业费调整为:90 元/0.5 h

(2)取送车费费率调整为:

整车:9 元/车千米;

集装箱:40 ft 箱,9 元/箱千米;20 ft 箱,4.5 元/箱千米。

【铁路货物运价规则】关于货车延期占用费核收的规定:

第 40 条　延期使用铁路运输设备或违约以及委托铁路提供服务发生的杂费,按实际发生的项目和表 4 "延期使用运输设备、违约及委托服务杂费费率表"的规定核收。

第 44 条　由托运人、收货人自行装卸的 D 型长大货物车,自调到装卸地点(或交接地点)之日起的第四日起,到装卸完了(或交接地点交接完毕)之日止,按日(不足一日按一日)核收 D 型长大货物车延期使用费。

【关于调整货车占用费等 3 项收费标准的通知(铁总运电〔2014〕16 号)】:

货车延期占用费按下列标准核收:

机冷车:1~10 h,10 元/车小时;11~20 h,20 元/车小时;21~30 h,30 元/车小时;30 h 以上,40 元/车小时。

罐车:1~10 h,6.5 元/车小时;11~20 h,13 元/车小时;21~30 h,19.5 元/车小时;30 h 以上,26 元/车小时。

其他货车:1~10 h,5.7 元/车小时;11~20 h,11.4 元/车小时;21~30 h,17.1 元/车小时;30 h 以上,22.8 元/车小时。

【铁路货物运价规则】关于运杂费迟交金核收的规定:

第 49 条　运杂费迟交金,从应收该项运杂费之次日起至付款日止,每迟延一日,按运杂费(包括垫付款)迟交总额的 3‰核收。

【关于铁路货运实行门到门运输及制定调整相关费目和费率的通知（铁总运〔2013〕39号）】：

对货物从托运人约定交货地点至铁路车站公共装卸场所或货物从铁路车站公共装卸场所至收货人约定接货地点的短途运输，核收接取送达费。

计费里程：起码里程 10 km，之后里程按 0、5 取整，1、2 去，8、9 进，3、7、4、6 作 5。

起码里程 10 km 的费率：整车货物 15 元/t、零担货物 1.5 元/100 kg、20 ft 箱 450 元/箱、40 ft 箱 675 元/箱。超过起码里程后每千米费率：整车货物 0.8 元/（t·km）、零担货物 0.08 元/100（kg·km）、20 ft 箱 24 元/箱千米、40 ft 箱 36 元/箱千米。

每单位质量货物接取送达费 = 每单位质量货物起码里程费率 +（计费里程 – 起码里程）×超过起码里程后每千米费率。

铁路局可上浮 50%，下浮不限。

门到门运输时，货物仓储费在应收该费时间段的前三日，按《价规》表 4 规定费率的 50% 计费，自第四日起，允许铁路局根据各地的不同情况适当浮动，上浮幅度最大不得超过规定费率的 100%，下浮不限，并报总公司备案。

货物承运前和交付后仍在车站仓储，或货物仅在车站仓储时，按实际仓储期间核收仓储费，货物仓储费在应收该费时间段，按《价规》表 4 规定的费率计费，允许铁路局根据各地的不同情况适当浮动，上浮幅度最大不得超过规定费率的 100%，下浮不限，并报铁路总公司备案。

危险货物和易燃货物的仓储费率按普通货物费率加 100% 计算。

延期使用运输设备、违约及委托服务杂费费率表中顺号 2 "货物暂存费" 修改如下：

仓储费	承运后交付前（原货物暂存费）	整车货物	元/车日	150.00
		零担货物	元/百千克日	1.50
		20 ft 箱	元/箱日	75.00
		40 ft 箱	元/箱日	150.00
	仓储服务时（新增仓储）	20 ft 箱	元/箱日	75.00
		40 ft 箱	元/箱日	150.00
		其他货物	元/吨日	2.50

货物损失处理作业训练

项目概述

货物损失处理是铁路货物运输工作的重要组成部分,货物损失处理人员要制止违章违纪;履行货物损失勘查、调查、理赔、分析和统计上报等工作职责。通过本项目的训练能编制各种货物损失的货运记录和货物损失速报并及时处理货物损失。

任务 1 火灾货物损失记录编制及处理

1.1 实训目标

通过火灾货物损失记录编制及处理的训练,训练学生正确编制货运记录和填写货物损失(记录、调查、赔偿)登记簿,准确计算货物损失款额,正确确定损失等级。

1.2 实训内容

(1)持运输票据、货运员编制的货物损失报告并会同公安现场检查核对;

(2)检查车辆防火板的规格;

(3)计算货物损失款额,确定事故等级;

(4)拍发货物损失速报;

(5)编制"货物损失鉴定书";

(6)编制"货运记录";

(7)填制货物损失查复书;

(8)填写货物损失(记录、调查、赔偿)登记簿;

(9)责任判定;

(10)货运记录货主页处理;

(11)着装、标志佩戴。

1.3 实训实例

6 月 25 日石河子站发常州站整车棉花一车,270 件,60 t,车号 $P_{60}3025462$,货物保价

50 万元，该车 6 月 28 日 38006 次 13：10 到达兰州西站，外勤接车发现机次 10 位棚车有白色烟雾冒出，立即向站长及公安所报告启动应急预案。该车 13：50 在调入兰州西站应急处理地点后即着火，立即施救。15：30 将火扑灭，会同公安人员检查清点确定烧毁 45 件，过火过水 90 件。请按规定调查处理，并对事故货物进行鉴定，确定损失金额及事故等级。

1.4　实训依据

【铁路货物损失处理规则】关于火灾现场勘查的规定：

（1）查明火灾列车车次、到达时间、编挂位置；

（2）查看车内货物装载现状、起火部位、四周货物烧损情况；

（3）检查车辆状态、货物装载高度；

（4）了解机车类型及状态；

（5）立即向公安、消防部门报案。

【铁路货物损失处理规则】关于火灾货物损失等级的规定：

货物损失统计以一批作为一件，但由于火灾可造成同一车站（区间）、同一列车内、同一时间发生的多批货物损失，故应按一件统计，其损失等级按损失款额总和确定。

【铁路货物损失处理规则】关于拍发货物损失速报的规定：

货车火灾货物损失发生后，应在 1 h 内逐级报告，并在 24 h 内向有关车站、直属站段、铁路局以电报形式拍发"货物损失速报"，抄送总公司运输局和铁路局调度所。货物损失速报内容包括：

（1）损失等级、种类。

（2）发现损失的时间、地点。

（3）发站、到站、品名、承运日期。

（4）车种、车型、车号、货票号码、办理种别、保价金额（金额前注明"保价"字样）。

（5）损失概要。

（6）对有关单位的要求。

拍发速报时，在电文首部冠以"货物损失速报"字样，（1）～（6）项为各项代号。速报由车站主管领导审核签发。

【铁路货物损失处理规则】关于编制"货物损失鉴定书"的规定：

火灾货物损失发生后，发现站应会同收货人（托运人）进行检查确认，必要时邀请有鉴定能力的第三方进行鉴定。损失鉴定应在发现站现场就地进行，现场难以鉴定时，经与收货人（托运人）协商同意后，可以移至适当的场地进行鉴定。

火灾货物损失鉴定时，应按批编制"货物损失鉴定书"，货物损失鉴定书应加盖处理站货物损失处理专用章或单位公章，参加人员应签字或盖章，第三方参加鉴定的，还需加盖鉴定单位的印章或附出具的货物损失鉴定报告。

车站组织货物损失鉴定时应由货运负责人、货物损失处理人员等两人以上参加鉴定。

鉴定所支出的费用（包括整理、化验等费用），应在货物损失鉴定书中记明。属于收货人（托运人）责任的，由收货人（托运人）支付；属于承运人责任的，由责任单位承担。

【**铁路货物损失处理规则**】关于"货运记录"编制的规定：

火灾"货运记录"由发现站货运安全员编制，编制时要如实记载货物损失及有关方面的当时现状，不得在记录中作损失责任的结论，记录各栏应逐项填记。具体编制方法如下：

（1）记明货车种类、编挂位置、邻车情况、牵引机车类型、起火部位、被烧货物装载位置，车辆防火板规格及技术状态，可能造成起火的各种迹象。

（2）记明火灾发生和扑灭的时间，被烧货物状态。

火灾货运记录内容编制完成后须加盖货物损失处理专用章或单位公章，编制人员还须加盖带有所属单位名称的人名章，其他参加检查货物（车）的有关人员也应签字或盖章，同时注明其所属单位名称。记录有涂改时，在涂改处须加盖编制人员的人名章。

【**铁路货物损失处理规则**】关于填制火灾"货物损失查复书"的规定：

火灾货物损失鉴定一般应自编制货运记录之日起 10 日内完成，以"货物损失查复书"送有关单位。情况特殊需要延期时，应以货物损失查复书或电报说明原因通知有关单位，但最长不得超过 30 日。

【**铁路货物损失处理规则**】关于填写货物损失（记录、调查、赔偿）登记簿的规定：

发生火灾货物损失能在发现站处理的，发现站应积极处理；不能在发现站处理的，货运记录（货主页）随同运输票据送到站处理，但发现站负责查明原因。除此之外，还应自发现之日起 3 日内以货物损失查复书形式，通过系统对货物损失的原因和责任进行调查。调查时应一次性使用数码相机、扫描仪等设备将火灾货物损失情况录制成电子文档，在"铁路保价运输管理系统"内加载，主要内容包括货票存查联、站车交接电报、车辆技术状态检查记录、货物损失鉴定书、火灾货物损失现场照片等。调查处理完成后，填写货物损失（记录、调查、赔偿）登记簿。

【**铁路货物损失处理规则**】关于责任判定的规定：

因火灾发生的货物损失，凡属下列情形之一者，属非过失责任：

（1）非承运人过失引起的列车火灾。

（2）托运人派人押运的货物，既不是押运人责任又非承运人过失发生的火灾货物损失。

虽属上述情况但查明系承运人的直接过失造成的货物损失，属过失责任。

铁路内部各单位之间火灾货物损失责任划分，应参照《铁路货物损失处理规则》的有关规章妥善处理。

（1）火灾责任以公安消防部门认定的起火原因为依据，铁路局间对火灾责任意见不一致时，二级、三级、轻微损失由处理铁路局按照公安消防部门的认定定责；一级损失相关铁路局对责任认定不一致时，由发生铁路局报总公司裁定。

（2）因未按规定安装防火板或安装不符合规定，闸瓦火花烧坏车底板而造成的，列最近定检施修该车的车辆段所属铁路局或车辆厂属地铁路局责任。

（3）遇铁路局间分界站接入列车时发现火灾，在进站 30 min 之内用调度电话通知交出铁路局调度所，并取得该列车机车乘务组证明，查不清原因的，列交出铁路局责任；未在规定时间内通知并取得证明的，列接入铁路局责任。

（4）违反车辆使用限制，列发站责任（防火板原因造成火灾的除外）；车辆代用的能查明火灾原因的，列责任站责任，查不清起火原因时，列发生站（区间发生的列发生铁路局）责任，赔款由发站（有铁路局代用命令的由发送铁路局）和发生站（铁路局）分摊。

（5）棚车车体完整、门窗关闭、施封良好，查不清原因时，列前一装卸站责任。

（6）易燃、自燃货物因包装质量、自然属性或装载方法，非易燃货物以易燃材料包装、衬垫，敞车装运未苫盖篷布，或以其他物品苫盖造成的，列装车站责任。

（6）除上述各款外，又查不明铁路内各部门间原因时，列发生铁路局责任。

【铁路货物损失处理规则】关于火灾货物损失赔偿的规定：

车站对收货人或托运人的赔偿要求，按《货规》规定受理，但在运输途中发生火灾时应就地处理，需经与托运人、收货人协商同意，可由发现站受理，并通知发、到站。保价运输货物的损失赔款由保价成本承担，赔偿款额按照《中华人民共和国铁路法》《货规》及铁路货物保价运输的有关规定计算。

任务 2　被盗货物损失记录编制及处理

2.1　实训目标

通过被盗货物损失记录编制及处理的训练，使学生能够正确编制货运记录和填写货物损失（记录、调查、赔偿）登记簿的方法，并准确计算货物损失款额、确定损失等级。

2.2　实训内容

（1）持运输票据、货运员编制的货物损失报告并会同公安现场检查核对；

（2）编制"货运记录"；

（3）填制货物损失查复书；

（4）编制"货物损失鉴定书"；

（5）填写货物损失（记录、调查、赔偿）登记簿；

（6）责任判定；

（7）货运记录货主页处理

（8）着装、标志佩戴。

2.3　实训实例

7月23日昆明东站发兰州北站整车菜籽饼，1 200件，保价8万元，车号 C_{64K} 4968866，苫盖铁路货车篷布1块。7月28日到达邯郸站卸车检查发现顶部有破口，会同公安人员卸车，实卸1 170件。请按规定调查处理，并分析定责。

2.4　实训依据

【铁路货物损失处理规则】关于被盗现场勘查的规定：

（1）车内货物被盗需重点勘查：查明列车车次、到达时间、编挂位置；查看车体状态、施封状态、货物装载现状。

（2）发现货物被盗后，发现单位（人）应立即向公安、消防部门报案。

【铁路货物损失处理规则】关于编制"货物损失鉴定书"的规定：

被盗货物损失发生后，发现站应会同收货人（托运人）进行检查确认，必要时邀请有鉴定能力的第三方进行鉴定。损失鉴定应在发现站现场就地进行，现场难以鉴定时，经与收货人（托运人）协商同意后，可以移至适当的场地进行鉴定。

被盗货物损失鉴定时，应按批编制"货物损失鉴定书"，货物损失鉴定书应加盖处理站货物损失处理专用章或单位公章，参加人员应签字或盖章，第三方参加鉴定的，还需加盖鉴定单位的印章或附出具的货物损失鉴定报告。

车站组织货物损失鉴定时应由货运负责人、货物损失处理人员等两人以上参加鉴定。

鉴定所支出的费用（包括整理、化验等费用），应在货物损失鉴定书中记明。属于收货人（托运人）责任的，由收货人（托运人）支付；属于承运人责任的，由责任单位承担。

【铁路货物损失处理规则】关于"货运记录"编制的规定：

被盗"货运记录"由发现站货运安全员编制，编制时要如实记载货物损失及有关方面的当时现状，不得在记录中作损失责任的结论，记录各栏应逐项填记。货运记录应记明车体、门窗、施封或篷布的情况、货物包装及装载加固状态、损失货物装载位置、损失程度等。到站编制的货运记录（货主页）应及时交给收货人。具体编制方法如下：

（1）记明被盗货物装载或码放位置，车内货物装载状态，是否装满（能否容下少件），有无明显被盗痕迹，包装损坏状态，短少货物的具体品名、数量。

（2）敞车装载的要记明表层货物现状和篷布、绳网苫盖状态。篷布、绳网有破口时，应记明破口位置、尺寸、新痕旧痕和破口处货物的现状。

被盗货运记录内容编制完成后须加盖货物损失处理专用章或单位公章，编制人员还须加盖带有所属单位名称的人名章，其他参加检查货物（车）的有关人员也应签字或盖章，同时注明其所属单位名称。记录有涂改时，在涂改处须加盖编制人员的人名章。

【铁路货物损失处理规则】关于填制被盗"货物损失查复书"的规定：

被盗货物损失鉴定一般应自编制货运记录之日起10日内完成，以"货物损失查复书"送有关单位。情况特殊需要延期时，应以货物损失查复书或电报说明原因通知有关单位，但最长不得超过30日。

【铁路货物损失处理规则】关于填写货物损失（记录、调查、赔偿）登记簿的规定：

车站发现被盗货物损失后，除按规定编制记录外，还应自发现之日起3日内以查复书形式，通过系统对货物损失的原因和责任进行调查，必要时可派人外出调查。调查时应一次性使用数码相机、扫描仪等设备将被盗货物损失情况录制成电子文档，在"铁路保价运输管理系统"内加载，主要内容包括货票存查联、站车交接电报、车辆技术状态检查记录、分析责任所需的运输票据封套、装载清单、封印照片、货物损失鉴定书、被盗货物损失现场照片等。调查处理完成后，填写货物损失（记录、调查、赔偿）登记簿。

【铁路货物损失处理规则】关于责任判定的规定：

（1）发生货物被盗，定责前公安机关破案，则按破案结论定责。

（2）通过检查发现敞车篷布顶部被割而造成货物损失的，按下列规定划责：

① 途中有监控设备的货运检查站或无监控设备的途中站检查时发现的,按规定处理并拍发电报的,如上一货运检查站有监控设备,列上一有监控设备的货运检查站责任,赔款由责任货运检查站和发站分摊;如前方途经站无监控设备,列发站责任,赔款由发现铁路局前方沿途各铁路局分摊。

② 检查发现但未处理的,列发现站责任,赔款由发现站、发站和上一有监控设备的货运检查站分摊。

【铁路货物损失处理规则】关于被盗货物损失赔偿的规定:

(1)保价运输货物的损失赔款由保价成本承担,赔偿款额按照《中华人民共和国铁路法》《货规》及铁路货物保价运输的有关规定计算。

(2)被盗丢失货物损失赔偿后,公安机关破案证明属其他单位责任时,按下列规定处理:

① 赔款额不满一级损失的,维持原来定责不变。

② 赔款额在一级损失以上的,原责任单位将原调查材料、原赔通和公安机关破案证明一并报主管铁路局审核后,自原货运记录编制之日起 180 日内,向新的责任铁路局填发赔通和定责通知书,转送上述材料。新的责任铁路局应及时转账,落实责任。超过上述期限的,仍维持原来定责不变,新的责任铁路局不予受理。

任务 3 丢失货物损失记录编制及处理

3.1 实训目标

通过丢失货物损失记录编制及处理的训练,使学生掌握丢失货物损失处理流程,正确编制货运记录和填写货物损失(记录、调查、赔偿)登记簿,准确计算货物损失款额,正确确定损失等级。

3.2 实训内容

(1)持运输票据、货运员编制的货物损失报告现场检查核对;

(2)编制"货运记录";

(3)填制货物损失查复书;

(4)编制"货物损失鉴定书";

(5)填写货物损失(记录、调查、赔偿)登记簿;

(6)责任判定;

(7)货运记录货主页处理;

(8)着装、标志佩戴。

3.3 实训实例

11月1日，北郊站发社棠站整车皮鞋一车，1 900件，保价15 000元。车号 P$_{62A}$3211168，11月5日到达社棠站，卸车前检查车体完整，封有效，卸车后清点实有1 895件，较票据记载不足5件，车容未满。请按规定调查处理。

3.4 实训依据

【铁路货物损失处理规则】关于丢失现场勘查的规定：

（1）车站发现货物损失后，发现人员应保护现场，立即向车站负责人和货运安全员报告。接到报告后，车站负责人应组织有关货运人员立即赶赴现场进行货物损失勘查、清理、资料收集并编制货物损失报告。

（2）车内丢失的货物需查明列车车次、到达时间、开始作业和卸车完了时间，检查车辆、施封状态、货物装载现状。

【铁路货物损失处理规则】关于编制"货物损失鉴定书"的规定：

丢失货物损失发生后，发现站应会同收货人（托运人）进行检查确认，必要时邀请有鉴定能力的第三方进行鉴定。损失鉴定应在发现站现场就地进行，现场难以鉴定时，经与收货人（托运人）协商同意后，可以移至适当的场地进行鉴定。

丢失货物损失鉴定时，应按批编制"货物损失鉴定书"，货物损失鉴定书应加盖处理站货物损失处理专用章或单位公章，参加人员应签字或盖章，第三方参加鉴定的，还需加盖鉴定单位的印章或附出具的货物损失鉴定报告。

车站组织货物损失鉴定时应由货运负责人、货物损失处理人员等两人以上参加鉴定。

鉴定所支出的费用（包括整理、化验等费用），应在货物损失鉴定书中记明。属于收货人（托运人）责任的，由收货人（托运人）支付；属于承运人责任的，由责任单位承担。

【铁路货物损失处理规则】关于"货运记录"编制的规定：

丢失"货运记录"由到达站货运安全员编制，编制时要如实记载货物损失及有关方面的当时现状，不得在记录中作损失责任的结论，记录各栏应逐项填记。具体编制方法如下：

（1）棚车开启车门能否明显发现；

（2）货车两侧或一侧上部施封时，应记明下部门扣是否损坏、封印的站名和号码；

丢失货运记录内容编制完成后须加盖货物损失处理专用章或单位公章，编制人员还须加盖带有所属单位名称的人名章，其他参加检查货物（车）的有关人员也应签字或盖章，同时注明其所属单位名称。记录有涂改时，在涂改处须加盖编制人员的人名章。

【铁路货物损失处理规则】关于填制"货物损失查复书"的规定：

丢失货物损失鉴定一般应自编制货运记录之日起10日内完成，以"货物损失查复书"送有关单位。情况特殊需要延期时，应以货物损失查复书或电报说明原因通知有关单位，但最长不得超过30日。

【铁路货物损失处理规则】关于填写货物损失（记录、调查、赔偿）登记簿的规定：

到达站发现丢失货物损失时，除了编制货运记录外，还应自发现之日起3日内以货物损失查复书形式，通过系统对丢失货物损失的原因和责任进行调查。调查时应一次性使用数码相机、扫描仪等设备将货物损失情况录制成电子文档，在"铁路保价运输管理系统"内加载，主要内容包括货票存查联、站车交接电报、车辆技术状态检查记录、货物损失鉴定书、货物损失现场照片等。调查处理完成后，填写货物损失（记录、调查、赔偿）登记簿。

【铁路货物损失处理规则】关于责任判定的规定：

（1）门窗关闭施封有效，列装车站责任；未使用规定的施封锁或未在车门下部施封，有记录或站车交接电报证明的，列封印站责任，赔款由封印站和上一责任货运检查站分摊；无记录或站车交接电报证明的，列封印站责任，赔款由封印站和到站分摊。

（2）封印失效、丢失、断开，不破坏封印即能开启车门，均按站车交接规定列责。

（3）卸车站发现货车封印的站名相符但号码与运输票据或封套记载不符时，列装车站责任。

（4）施封的货车，已有途中站车交接电报或普通记录，且现状与途中交接电报或普通记录记载内容相符，卸车站可以不再拍发电报。如内容不相符，又未拍发站车交接电报的，列卸车站责任。

【铁路货物损失处理规则】关于货物损失赔偿的规定：

保价运输货物的损失赔款由保价成本承担，赔偿款额按照《中华人民共和国铁路法》《货规》及铁路货物保价运输的有关规定计算。

任务 4　损坏货物损失记录编制及处理

4.1　实训目标

通过损坏货物损失记录编制及处理的训练，使学生掌握损坏货物损失处理流程，正确编制货运记录和填写货物损失（记录、调查、赔偿）登记簿，准确计算货物损失款额，正确确定损失等级。

4.2　实训内容

（1）持运输票据、货运员编制的货物损失报告现场勘查；

（2）计算货物损失金额；

（3）拍发货物损失速报；

（4）编制"货物损失鉴定书"；

（5）编制"货运记录"；

（6）填制货物损失查复书；

（7）填写货物损失（记录、调查、赔偿）登记簿；

（8）责任判定；

（9）将货主页交给收货人签收；

（10）着装、标志佩戴。

4.3 实训实例

11 月 1 日太原东站发天水站机床一车，5 件，车种车号 C_{62A} 4238888。11 月 5 日到达天水站，天水站卸车前检查车体完整，卸车时发现其中 1 件多功能机床包装一侧破 500 mm×300 mm，新痕，可见内货微电脑控制台、配电箱、电线线路和油管均损坏，会同收货人初步鉴定损失已超过 10 万元，该批货物保价 100 万元。请按规定调查处理，计算货物损失金额，并分析定责。

4.4 实训依据

【铁路货物损失处理规则】关于现场勘查的规定：

货运安全员接到货物损失报告后，要核实货物损失报告各栏填写是否齐全正确，相关资料是否齐全，必要时，要到现场核对损失货物。发生损坏货物损失后应重点勘查：破损货物的损坏程度、部位、数量、包装、衬垫、破口尺寸、堆码以及车（箱）状态等现状。

【铁路货物损失处理规则】关于拍发货物损失速报的规定：

损坏货物损失发生后，如估计损失款额达到一级损失（10 万元以上）时，应在 1 h 内逐级报告，并在 24 h 内向有关车站、直属站段、铁路局以电报形式拍发"货物损失速报"，记明卸车和鉴定的简要情况，并抄送总公司运输局。货物损失速报内容包括：

（1）损失等级、种类；

（2）发现损失的时间、地点；

（3）发站、到站、品名、承运日期；

（4）车种、车型、车号、货票号码、办理种别、保价金额（金额前注明"保价"字样）；

（5）损失概要；

（6）对有关单位的要求。

拍发速报时，在电文首部冠以"货物损失速报"字样，（1）~（6）项为各项代号。速报由车站主管领导审核签发。

【铁路货物损失处理规则】关于编制"货物损失鉴定书"的规定：

损坏货物损失发生后，车站应会同收货人（托运人）或物流企业进行检查确认，必要时邀请有鉴定能力的第三方进行鉴定。损失鉴定应在发现站现场就地进行，现场难以鉴定时，经与收货人（托运人）协商同意后，可以移至适当的场地进行鉴定。

损失货物鉴定时，应按批编制"货物损失鉴定书"，货物损失鉴定书应加盖处理站货物损失处理专用章或单位公章，参加人员应签字或盖章，第三方参加鉴定的，还需加盖鉴定单位的印章或附出具的货物损失鉴定报告。

车站组织货物损失鉴定时应由货运负责人、货物损失处理人员等两人以上参加鉴定。

鉴定所支出的费用（包括整理、化验等费用），应在货物损失鉴定书中记明。属于收货人（托运人）责任的，由收货人（托运人）支付；属于承运人责任的，由责任单位承担。

【铁路货物损失处理规则】关于"货运记录"编制的规定：

损坏"货运记录"由到达站货运安全员编制，编制时要如实记载货物损失及有关方面的当时现状，不得在记录中作损失责任的结论，记录各栏应逐项填记。具体编制方法如下：

（1）记明货物的损坏程度、部位、尺寸、新痕旧痕，装载方法，码放位置及周围货物、衬垫情况，接触本批货物的车地板、端侧墙状态。

（2）货物破损变形应记明货物现状，接触货物有无窜动或冲撞痕迹，包装损坏状态、破损部位、内货固定及衬垫情况，加固材料质量、加固方法，包装上标明的装卸方式。

（3）机械设备包装破损，底托带、支架立柱、横梁等有折断或变形，以及围衬材料破损、脱落、丢失，应对该处货物裸露部位表面进行检查，记明现状。

损坏货运记录内容编制完成后须加盖货物损失处理专用章或单位公章，编制人员还须加盖带有所属单位名称的人名章，其他参加检查货物（车）的有关人员也应签字或盖章，同时注明其所属单位名称。记录有涂改时，在涂改处须加盖编制人员的人名章。

【铁路货物损失处理规则】关于填制"货物损失查复书"的规定：

货物损失鉴定一般应自编制货运记录之日起 10 日内完成，以"货物损失查复书"送有关单位。情况特殊需要延期时，应以货物损失查复书或电报说明原因通知有关单位，但最长不得超过 30 日。

【铁路货物损失处理规则】关于填写货物损失（记录、调查、赔偿）登记簿的规定：

到达站发现损坏货物损失时，除了编制货运记录外，还应自发现之日起 3 日内以"货物损失查复书"形式，通过系统对损坏货物损失的原因和责任进行调查。调查时应一次性使用数码相机、扫描仪等设备将损坏货物情况录制成电子文档，在"铁路保价运输管理系统"内加载，主要内容包括货票存查联、站车交接电报、车辆技术状态检查记录、货物损失鉴定书、损坏货物损失现场照片等。发现损坏货物达到一级损失时，发现铁路局应立即深入现场组织处理。涉及他局责任时，自拍发货物损失速报之日起 10 日内邀请有关铁路局参加处理，召开分析会，作出会议纪要。调查处理完成后，填写货物损失（记录、调查、赔偿）登记簿。

【铁路货物损失处理规则】关于责任判定的规定：

损坏货物损失由到达站、到达铁路局负责。因货物无包装或包装有缺陷发生损坏，列发站责任；货物发生损坏，经到站鉴定不属于包装质量和货物性质原因时，列装车站责任，一级损失处理期限最长不得超过 30 日。

责任判定：依《铁路货物损失处理规则》规定，列太原东站责任，货物损失由太原东站承担。

【铁路货物损失处理规则】关于货物损失赔偿的规定：

损坏货物损失达到一级损失的赔偿及保价货物损失的补偿，由受理站在受理当日，以货物损失查复书写明调查过程、损失款额、赔（补）偿金额等上报主管铁路局，抄送发、到站及相关站，由主管铁路局审核办理。保价运输货物的损失赔款由保价成本承担，赔偿款额按照《中华人民共和国铁路法》《货规》及铁路货物保价运输的有关规定计算。

任务 5　其他类货物损失记录编制及处理

5.1　实训目标

通过其他类（办理差错及其他原因造成的货物损失）货物损失记录编制及处理的训练，

使学生掌握正确编制货运记录和填写货物损失（记录、调查、赔偿）登记簿的方法。

5.2　实训内容

（1）持货运员编制的货物损失报告现场勘查；

（2）与公安部门办理签字交接；

（3）编制"货运记录"；

（4）无标记货物指定专人负责保管、登记；

（5）填记《无标记（无法交付）货物处理书》；

（6）填写货物损失（记录、调查、赔偿）登记簿；

（7）着装、标志佩戴。

5.3　实训实例

8月14日西安西站清仓（库、区）检查发现2件木箱包装小五金，无标签和标记。同日接到铁路公安部门交给车站处理的无标记配件6件、电视机1件，沿途拣拾到棉花2件。请按规定进行处理。

5.4　实训依据

【铁路货物损失处理规则】关于"货运记录"编制的规定：

车站发现无标记货物后，应于当日编制货运记录，核对现货、登记立卷，妥善保管。

【铁路货物损失处理规则】关于填写"无标记（无法交付）货物处理书"的规定：

凡能判明发、到站的无标记货物，应拴挂"损失货物标签"，凭货运记录向发站或到站回送，并填记于货车装载清单内；对不能判明发、到站或托运人、收货人的无标记货物，应在车站货运负责人、货运安全员等不少于3人的情况下开装检查，寻找能正确交付的线索。同时，编制物品清单，注明品名、包装特征、质量、发现日期和卸下车次等有关事项，自编制货运记录之日起3日内填写"无标记（无法交付）货物处理书"上报主管铁路局，并在系统内详细记载货物的件数、具体品名、包装及特征，内品数量、规格、尺寸、颜色、生产厂家及每件质量，同时应加载货物照片，以便各单位查找核对，尽可能将货物交于收货人或托运人，减少损失。

车站不得将无标记货物交给个人取送或带送，不得自行用无标记货物顶替抵补自站责任的丢失货物。

车站将"无标记（无法交付）货物处理书"上报铁路局后，又查找到货物的到站及收货人时，立即先用电话声明注销该项报告，然后按规定手续向到站回送。

【铁路货物损失处理规则】关于无标记货物保管的规定：

各直属站段应成立"两无"货物管理小组，指定专人负责管理，建立健全工作制度和岗位职责，做好无标记货物的管理工作。车站应为无标记货物的存放提供条件，对无标记货物实行分区管理，隔离设置，编号单独存放，严格按照仓库安全管理要求，做好仓库设防工作，保证货物包装完整，做到账物相符，按照规定期限妥善保管。无标记货物不得提前处理、不得隐瞒不报或私自处理，不得顶件运输、顶件交付。无标记货物在保管期间发生损失时，参照《铁路货物损失处理规则》有关规定办理。车站应及时上报无标记货物，认真核对和查询答复，给外站调查人员提供工作方便。

【铁路货物损失处理规则】关于无标记货物处理的规定：

铁路局自收到车站上报的"无标记（无法交付）货物处理书"后，满 60 日查找不到托运人或收货人时，应及时指定车站变卖。但军用品、危险品、国家禁止及限制运输的物品、机要文件和各种证件不得变卖，应移交公安机关或有关部门处理。变卖款扣除有关搬运、保管、劳务、税费、变卖手续费等费用后，由变卖车站按规定上缴铁路局。

【铁路货物损失处理规则】关于填写货物损失（记录、调查、赔偿）登记簿的规定：

车站发现无标记货物后，除了编制货运记录外，还应自发现之日起 3 日内以"货物损失查复书"形式，通过系统对货物损失的原因和责任进行调查。调查时应一次性使用数码相机、扫描仪等设备将损坏货物情况录制成电子文档，在"铁路保价运输管理系统"内加载，主要内容包括站车交接电报、货物损失现场照片等。调查处理完成后，填写货物损失（记录、调查、赔偿）登记簿。

任务 6　编制货物损失速报

6.1　实训目标

通过对货物损失速报编制的训练，使学生明确需要编制货物损失速报的情况，掌握正确编制货物损失速报的方法。

6.2　实训内容

（1）持运输票据、货运员编制的货物损失报告现场勘查；

（2）计算货物损失金额；

（3）拍发货物损失速报；

（4）编制"货物损失鉴定书"；

（5）编制"货运记录"；

（6）填制货物损失查复书；

（7）填写货物损失（记录、调查、赔偿）登记簿；

（8）责任判定；

（9）将货主页交给收货人签收；

（10）着装、标志佩戴。

6.3 实训实例

9 月 30 日银川南站装天水站整车大米一车，2 400 件，60 吨，保价 25 万元，车号 $C_{64}4630250$，苫盖铁路篷布 1 块，该车 10 月 8 日到达天水站，卸车前检查无异状，卸车时装卸工组反映车内有异味，车地板有黑色颗粒或粉末状不明物质，有头晕现象。天水站立即停止卸车作业，通知铁路防疫部门现场检验，经采取安全措施后于 10 月 9 日卸完。经铁路防疫部门检验，全车货物被污染，不可作食用粮食，经清洗晾晒后可做工业原料使用，残余价值约 8 万元。经查该车为青铜峡站卸煤焦沥青后未按规定洗刷消毒，空车排至银川南站。请根据题意按规定调查处理，并分析定责。

6.4 实训依据

【铁路货物损失处理规则】关于现场勘查的规定：

货运安全员接到货物损失报告后，要核实货物损失报告各栏填写是否齐全正确，相关资料是否齐全，必要时，要到现场核对损失货物。查明污染货物损失程度、数量，车内污染物（源）名称、位置、面积、包装情况，污染物（源）与被污染货物距离，被污染货物的数量和程度。涉及食品污染变质的，应保留原车，通知防疫、检疫部门到场指导处理。

【铁路货物损失处理规则】关于拍发货物损失速报的规定：

与任务 4 相同，内容略。

【铁路货物损失处理规则】关于编制"货物损失鉴定书"的规定：

与任务 4 相同，内容略。

【铁路货物损失处理规则】关于"货运记录"编制的规定：

"货运记录"由到达站货运安全员编制，编制时要如实记载货物损失及有关方面的当时现状，不得在记录中作损失责任的结论，记录各栏应逐项填记。具体编制方法如下：

货物污染应记明污染物（源）名称、位置、面积、包装情况，污染物（源）与被污染货物距离，被污染货物的数量和程度，车内外是否贴有"洗刷除污"标签及车内清洁、衬垫情况。

货运记录内容编制完成后须加盖货物损失处理专用章或单位公章，编制人员还须加盖带有所属单位名称的人名章，其他参加检查货物（车）的有关人员也应签字或盖章，同时注明其所属单位名称。记录有涂改时，在涂改处须加盖编制人员的人名章。

【铁路货物损失处理规则】关于填制"货物损失查复书"的规定：

与任务 4 相同，内容略。

【铁路货物损失处理规则】关于填写货物损失（记录、调查、赔偿）登记簿的规定：

与任务 4 相同，内容略。

【铁路货物损失处理规则】关于责任判定的规定：

（1）货车清扫不彻底造成的货物污染，列装车站责任。

（2）使用未洗刷除污的车辆造成的货物污染，上一卸车站未回送洗刷除污时，列上一卸车站责任；回送洗刷除污的车辆被排走而漏洗刷除污时，列误排站责任；洗刷除污不彻底，列洗刷除污站责任。

（3）对污染源和被污染货物处理不当，造成损失扩大时，由处理站承担损失扩大部分赔款。

责任判定：该车为青铜峡站卸煤焦沥青后未按规定进行洗刷除污，空车排至银川南站，银川南站装车前未认真做好"三检"尤其对装载粮食的车辆，未检查车内有无恶臭异味。

【铁路货物损失处理规则】关于货物损失赔偿的规定：

与任务 4 相同，内容略。

任务 7 编制普通记录

7.1 实训目标

通过对普通记录编制的训练，使学生明确需要编制普通记录的情况，掌握正确编制普通记录的方法。

7.2 实训内容

（1）持运输票据、货运员编制的货物损失报告现场勘查；

（2）编制"货物损失鉴定书"；

（3）编制"货运记录"；

（4）票据处理，改正运单、货票车号，施封号码；

（5）编制"普通记录"；

（6）填制货物损失查复书；

（7）填写货物损失（记录、调查、赔偿）登记簿；

（8）将货主页随运输票据送到站处理，调查页 3 日内送责任站调查；

（9）着装、标志佩戴。

7.3 实训实例

5 月 10 日呼和浩特站发西固城站瓷砖一车，2 400 件，60 t，纸箱包装，使用 60 t 棚车装运，施封 2 枚。5 月 12 日车辆运行至迎水桥站时，货检员检查发现车门下部滑槽断裂，车门脱落，无法恢复，当日拍发 45 号电报甩车换装整理。5 月 15 日迎水桥站将货物换装至另一辆标重 60 t 棚车中，换装中发现 19 件包装内有破碎响声。请按规定调查处理。

7.4　实训依据

【铁路货物损失处理规则】关于现场勘查的规定：

货运安全员接到货物损失报告后，要核实货物损失报告各栏填写是否齐全正确，相关资料是否齐全，必要时，要到现场核对损失货物。勘查过程中如果发现货物损失涉及车辆技术状态时，应通知车辆部门。

【铁路货物损失处理规则】关于编制"货物损失鉴定书"的规定：

与任务 4 相同，内容略。

【铁路货物损失处理规则】关于"货运记录"编制的规定：

"货运记录"由发现站货运安全员编制，编制时要如实记载货物损失及有关方面的当时现状，不得在记录中作损失责任的结论，记录各栏应逐项填记。

货运记录内容编制完成后须加盖货物损失处理专用章或单位公章，编制人员还须加盖带有所属单位名称的人名章，其他参加检查货物（车）的有关人员也应签字或盖章，同时注明其所属单位名称。记录有涂改时，在涂改处须加盖编制人员的人名章。

【铁路货物损失处理规则】关于"普通记录"编制的规定：

普通记录作为现状交接证明，遇有货物损失涉及车辆技术状态和货车发生换装整理时须在当日按批（车）编制普通记录。普通记录编制用纸应建立请领、发放、使用制度。

货运安全员接到货物损失报告后，要核实货物损失报告各栏填写是否齐全正确，相关资料是否齐全，必要时，要到现场核对损失货物。具体编制方法如下：

（1）编制普通记录时应记明换装原因和依据，货物的现有数量和状态，交接时货车车体、门窗、施封的现状，货物包装及装载加固状态。

（2）车辆技术状态不良时，应记明车种、车型、车号和车辆不良的具体情况，检修单位名称及年月。

（3）棚车车体发生损坏时，应记明损坏位置、尺寸和新痕旧痕。

（4）加盖规定戳记，编制普通记录附票记，在货票丁联背面证明有关事项。

普通记录编制完成后须加盖货物损失处理专用章或单位公章，编制人员还须加盖带有所属单位名称的人名章，其他参加检查货物（车）的有关人员也应签字或盖章，同时注明其所属单位名称。记录有涂改时，在涂改处须加盖编制人员的人名章。

【铁路货物损失处理规则】关于填制"货物损失查复书"的规定：

与任务 4 相同，内容略。

【铁路货物损失处理规则】关于填写货物损失（记录、调查、赔偿）登记簿的规定：

到达站发现货物损失时，除了编制货运记录外，还应自发现之日起 3 日内以货物损失查复书形式，通过系统对货物损失的原因和责任进行调查。调查时应一次性使用数码相机、扫描仪等设备将货物损失情况录制成电子文档，在"铁路保价运输管理系统"内加载，主要内容包括货票存查联、站车交接电报、车辆技术状态检查记录、货物损失鉴定书、货物损失现场照片等。调查处理完成后，填写货物损失（记录、调查、赔偿）登记簿。当一批货物中部分货物发生损失时，应拴挂"损失货物标签"继运到站。

【铁路货物损失处理规则】关于责任判定的规定：

整车易碎货物发生损坏，除能查明责任者外，列发站责任。

货检技术作业训练

项目概述

货运检查工作是保证铁路行车安全和货物安全、杜绝货物损失和铁路交通事故发生的技术性较强的工作。通过本项目的训练能按照货检作业程序和规定对各种车辆进行空车和装载货物车的装载加固状态进行检查。

任务 1　罐式货物检查交接

1.1　实训目标

通过罐式货物检查交接的训练，要求学生明确罐式货物检查作业流程，正确计算货物重心偏离车辆横中心线的容许距离，编制普通记录。

1.2　实训内容

（1）计算货物重心偏离车辆横中心线的容许距离；
（2）处理意见；
（3）在列整理；
（4）摘车整理；
（5）拍发电报；
（6）编制"普通记录"；
（7）货检手册及有关台账填记情况；
（8）汇报；
（9）着装、标志佩戴。

1.3　实训实例

2014 年 9 月 25 日 8 时 40 分 26008 次无守列车到达某货检站，N_{17} 5064905 甲站发乙站锅炉一件，重 52 t，钢丝绳夹头脱开，货物向前纵向位移，经测量货物重心偏离车辆横中心线 650 mm（车辆中心销距 9 000 mm）。请分析、判定该货物重心偏移量是否符合规定，确定处理意见，并按规定进行处理。

1.4 实训依据

【货检作业基本要求】

1）基本要求

（1）货运检查员应专人专职，不允许与其他工种混岗；

（2）对货物车辆进行货运检查时，应双人双面作业；

（3）作业人员应按照规定着装，佩戴臂章。

2）货检配置

（1）货运检查人员的办公地点应配备桌椅、电话、传真机、复印机、数码照相机、车站信息系统终端、备品柜等。

（2）货运检查作业应配备工具包、对讲机、尺子、钢丝钳、手锤、吊锤、撬棍、加固器、限界尺、断线钳、钢锯、电工刀、照明灯、梯子、镀锌铁线、钉子、扒铜钉、粉笔等作业工具和备用品。

【货运检查主要内容】

（1）货物列车中货物装载、加固状态；

（2）平车：货物装载加固情况，车辆技术状态情况及货物重心横向位移情况；

（3）《铁路货车超偏载检测装置运用管理办法》规定的内容。

【货检作业基本程序】

1）计划安排和准备

车站有关人员应将班计划、阶段计划、列车编组顺序表及时通知货运检查值班员（班组长），货运检查值班员根据计划，将工作内容、检查重点、安全事项及要求等向货运检查员传达、布置。

货运检查员接到作业任务后，应掌握到达（出发）列车车次、股道、时刻、编组内容及重点车情况。作业时，应携带作业工具和作业手册。

2）到达列车预检

在列车到达前 5 min，货运检查员应出场立岗（到指定接车地点立岗，不得侵入邻线线界）。在列车到达、通过时，对列车进行目测预检（目测检查可视部位）。

3）检查

（1）两侧货运检查员应从车列的一端同步逐车进行检查，呼唤应答，对重点车进行记录。

（2）货运检查员对车列首尾的车辆，应涂打规定的检查标记。

（3）车列检查、整理应在规定的技术作业时间内完成。在电气化区段作业，所携带的工具、用品与牵引供电设备带电部分的距离，不得小于 2 000 mm。严禁登车进行整理作业。

（4）车列检查、整理完毕后，货运检查员应及时报告。无货检作业完毕的报告车站值班员不得动车，以确保货检人员安全。

（5）在实行区段负责制的区段，货运检查员发现的问题，应及时妥善处理。需拍发电报时，应于列车到达后 120 min 内以电报通知上一货运检查站，必要时抄知有关单位和部门。需编制记录的按规定编制。

4）整理

（1）在列整理。

① 对发生装载加固不需要摘车处理的问题时，应在设置好防护后由货运检查员和整理工共同对车列内需整理货车进行整理；

② 预计整理时间超过技术作业时间时，货运检查员应及时向车站值班员报告；

③ 在列整理时，货运检查员应按有关规定进行作业，确保人身安全。

（2）摘车整理。

对危及行车安全又不能在列整理的车辆，货运检查员应报告车站值班员摘车整理。摘车整理时，应做好防护工作。不允许在挂有接触网的线路（设有隔离开关的线路除外）整理车辆。

5）装载加固检查

（1）货物是否倾斜、移位和窜动；

（2）在设有超偏载仪的车站，还应检查货车是否超载、偏载；

（3）加固铁线捆绑拴结是否符合规定。

6）生产台账

车站应建立货运检查台账，包括以下内容：

（1）货运检查工作手册；

（2）货运检查工作日志；

（3）拍发电报登记簿；

（4）加固材料登记簿。

7）拍发电报

电报格式见表 5-1。

表 5-1 【电报格式】铁路传真电报（一）

签发：×××　　　　核稿：×××　　　　拟稿人：×××　　　　电话：×××

发报所名	电报号码	等级	受理日	时　分	附注	收到日	时　分	值机员
			××					

主送：（上一货检站）

抄送：

×× 站（章）

8）站车交接

为保证行车安全和货物安全，对运输中的货物（车）和运输票据，应进行交接检查，并按规定处理。

车站和列车（车务、机务）段应根据货物、运输票据交接检查的要求制定实施办法，明确责任。车站各工种之间也应建立相应的交接检查制度。

交接检查时发现的问题应按有关规定进行处理，并应于列车到达后 120 min 内以电报通知上一货检站，同时抄知发到站。电报的内容应包括列车的车次、到达时分、车种、车号、发站、到站、品名、发现问题及简要处理情况，需编制记录时按规定要求编制，并将记录粘贴在货票丁联背面或封套背面，无法粘贴的随封票交接。

运输票据由编组列车的车站封固并与机车乘务组实行封票签字交接。列车运行中在车站更换机车时，由更换地所在的车站检查封固状态，并负责传递。机车乘务人员负责将票据完整地传递到列车终到站、甩挂作业站，并与车站办理票据签字交接，没有车站签字不得退勤，若票据丢失则追查当事人责任。途中临时甩挂作业时，由车站编制普通记录后启封处理，并将运输票据连同普通记录重新封固。

车站与机车乘务员在商定的地点进行地面交接。

【计算货物重心偏离车辆横中心线的容许距离】

因为：

$$P_{容} - Q = 60\,t - 52\,t = 8\,t < 10\,t$$

所以：

$$a_{容} = \left(\frac{P_{标}}{2Q} - 0.5\right)l = \left(\frac{60}{2 \times 52} - 0.5\right)9000 = 692.30\,mm \approx 692\,mm$$

【处理意见】

货物重心最大容许纵向偏移 692 mm，货物重心实际偏移 650 mm，不违反《铁路货物装载加固规则》规定，因此可以继续运行。

【处理过程】

（1）于列车到达后 120 min 内以电报通知上一货检站并抄知发、到站和相关部门；

（2）由车站组织在列整理，收紧钢丝绳至适度，拧紧钢丝绳夹头，重新捆绑加固后放行，并在货票丁联背面记明有关事项；

（3）无法在列整理时，编制普通记录，甩车整理；

（4）填制有关表报、台账。

【整理费用的清算】

铁路责任的货物整理费由整理站（局）列销；属于托运人责任的整理，所需费用，由处理站填发垫款通知书，随同运输票据递送到站，向收货人核收。

【安全生产】

严格执行《电气化铁路有关人员电气安全规则》及《铁路车站行车作业人身安全标准》。

【铁路货物损失处理规则】 关于"普通记录"编制的规定：

在办理货运检查交接作业时发现问题，按规定拍发的交接电报应视为普通记录。

【汇报】

作业完毕后及时向车站值班员汇报，并填记有关台账。

任务 2　各种货物车辆检查交接

2.1　实训目标

通过货物车辆检查交接的训练，要求学生熟悉货物车辆检查内容，掌握货物车辆出现装载加固问题的处理方法。

2.2 实训内容

（1）空棚车；

（2）装载货物的棚车及施封车辆；

（3）空敞车；

（4）敞车装载的货物未超出端侧墙；

（5）敞车装载的货物超出端侧墙；

（6）敞车装载的货物苫盖篷布；

（7）装载超限货物平车；

（8）装载跨装货物及使用游车的平车；

（9）装载轮式（履带式）货物的平车；

（10）装载钢材、金属块、锭等货物的平车；

（11）空罐车；

（12）重罐车；

（13）空冷藏车；

（14）重冷藏车；

（15）特种车。

2.3 实训依据

【空棚车】

车门、窗关闭情况；车门左、右有无脱框；上、下滑轮有无脱槽情况。

【装载货物的棚车及施封车辆】

车门外胀情况；门窗关闭情况；上下门扣拧固情况；施封车施封情况，车体倾斜情况，上、下滑轮有无脱槽及车门是否脱离边框情况。

【空敞车】

车门外胀、车体倾斜情况；车门上、下门插销，集装箱锁铁落锁和捆绑情况；底开门搭扣情况。

【敞车装载的货物未超出端侧墙】

车门插销、侧门搭扣关闭、集装箱锁帖落锁及捆绑情况，车门外胀、车体倾斜情况。

【敞车装载的货物超出端侧墙】

货物装载加固情况；支柱、围挡、钢网、铁线、绳索情况；货物窜动情况；易燃货物采取防护措施及篷布、绳网苫盖情况。

【敞车装载的货物苫盖篷布】

篷布、绳网的苫盖捆绑情况；拴结绳索余尾长度情况；腰边绳索数量及质量情况。

【装载超限货物平车】

有无超限超重货物运输记录及其填写是否完整；各部位尺寸与检查架尺寸情况；货物两侧明显位置是否有超限等级标识；货物装载加固情况；车辆技术状态情况；货物重心横向位移情况；挂运超限超重货物是否取得调度命令；是否标画有检查线，货物有无移动，加固材料是否有松动和损坏；车辆转向架左右旁承游间不得为零（结构规定为常接触式旁承及球形心盘除外）。

【装载跨装货物及使用游车的平车】

跨装车组使用车钩停止缓冲器情况；游车上加装的货物与主车货物间距情况；提钩杆捆绑情况；装载及加固情况。

【装载轮式（履带式）货物的平车】

顺装、横装：台与台的间距情况。

跨装：两车头尾间距情况；装载加固情况；使用规定的加固材料情况。

【装载钢材、金属块、锭等货物的平车】

装载 1 t 以下的生铁、金属块靠端侧板情况；装载钢板、卷钢捆绑加固情况。

【空罐车】

盖、阀关闭情况；防护栏杆状况；空液化气罐车押运人数及在岗情况。

【重罐车】

盖、阀关闭情况；防护栏杆状况；渗漏、撒漏情况；液化气罐车押运人数及在岗情况。

【空冷藏车】

车门关闭情况。

【重冷藏车】

车门关闭情况；施封车施封情况。

【特种车】

重车 D 型（长大货物车）：装载的货物加固情况；使用落下孔车装载的货物，底部与轨面高度使用规定的加固装置情况；位移情况。

【货物车辆在运输过程中出现问题及危及安全的处理】

1）装有危险货物的车辆出现问题的处理

发现火灾或罐车装运的压缩气体、液化气体泄漏、渗漏现象，应立即向公安和施救单位及有关部门报告；遇有列车（货车）火灾还应向调度报告；发现重大事故、大事故、火灾事故、罐车装运的压缩气体或液化气体泄漏，以及一级毒害品（剧毒品）、放射性物品、枪支弹药被盗丢失等情况立即用电话逐级报告，通知货运安全员。

（1）查阅事故货物（车）的运输票据，了解货物的具体品名，根据《铁路危险货物品名表》查阅货物特性；针对货物特性，确定施救方案及措施，进行施救；需要组织人员疏散时，协助公安人员进行人员疏散，杜绝盲目施救。

（2）积极抢救货物，采取保护措施，避免扩大损失。必要时将事故货物（车）与相邻货物（车）分离，避免事故涉及相邻货物（车）。

（3）及时组织卸车或转移至安全地点。

（4）按规定及时以电报形式向发站、到站、上一货检站、所在铁路局报告有关情况，并做好安全防护工作。

（5）报告要及时、准确，反映情况要清楚；报告的主要内容包括事故种类、货物名称、发现地点、时间、列车车次、编挂位置、已采取的施救措施等。

（6）液化气车辆押运人数不符合规定时应立即摘车，并及时通知上级主管部门。

（7）装有剧毒品的车辆无封、封印无效以及发现有异状或需派押运人押运的剧毒品车辆无押运人时，应立即摘车，并通知公安部门共同清点或派人看护，同时按规定以电报形式向发到站、上一货检站、发到站所在铁路局和铁路总公司报告有关情况。（在《铁路危险货物品名表》第 12 栏内注有特殊规定 67 号者，均实行铁路剧毒品运输跟踪管理，运输时须全程押运）

（8）按规定在 24 h 内向有关站、铁路局（公安部门）拍发"货运事故速报"，必要时抄报铁路总公司（公安部门）、主管铁路局（公安部门）。

2）货车装载加固不良的处理

（1）货物窜动位移的处理。

装有超长、超限、超重货物的货车，货运检查员必须认真检查确认车地板或加固衬垫材料上涂打的检查线，发现货物位移应及时拍发电报并通知有关单位，超限货物应根据有关资料复核尺寸是否相符，并向铁路局调度报告，按其指示处理。

（2）在运输过程中发现装有集装箱的车辆加固线折断、集装箱箱体脱槽，危及运输安全时的处理。

① 摘车并于列车到达 120 min 内拍发电报通知上一检查站，抄知发、到站及有关铁路局。记录和电报要重点说明不良情况和原因。

② 由发现站（局指定站）及时换装整理，并在货票（丁联）背面记明有关事项。

③ 对扣留换装整理的货车应进行登记，并按月汇总报主管铁路局，同时通知有关铁路局。

（3）在运输过程中发现货车装载的货物有坠落、倒塌危险或货物偏重、窜出、渗漏，危及运输安全时的处理。

① 摘车并于列车到达 120 min 内拍发电报通知上一检查站，抄知发、到站及有关铁路局。

② 由车站负责换装或整理，并在货票（丁联）背面记明有关事项。属于托运人责任的换装、整理或补修包装，所需费用，由处理站填发垫款通知书，随同运输票据递送到站，向收货人核收。

③ 填制有关表报、台账。

3）鲜活货物滞留的处理

鲜活货物运输途中车辆技术状态不良发生滞留不能继运时，发现站应及时向主管铁路局报告，尽量组织按原条件倒装。由于气温技术条件等不能倒装又不宜在当地处理的货物发现站应及时联系发站、到站通知托运人、收货人提出处理意见。

表 5-2 货物车辆装载加固问题的处理方法

车种	检查内容	发现的问题	处理方法
棚车	空车	车门关闭情况，上、下滑轮是否脱槽、有无脱槽可能，车门是否安全	及时关闭，如危及安全，及时站摘车处理并拍发电报
棚车	装载货物的棚车及施封车辆	车门外胀是否超限，门窗关闭是否良好，上下门扣是否拧固，施封车交接时检查施封号码是否良好、有效；车门有无脱槽	摘挂处理；及时关闭门窗并拧固；对施封发现的问题：编制记录、补封并拍发电报
敞车	空车	车门是否外胀，车体是否倾斜，车门上下门插是否销死和捆绑，低开门扣铁是否扣死	（1）摘车处理；（2）整理并捆绑牢固进行关闭
敞车	装载的货物超出未超出端侧板的车辆	车门插销、扣铁是否关严；车门外胀及车体倾斜情况	（1）摘挂处理；（2）及时关闭门窗并拧固
敞车	装载的货物超出端侧板的车辆	货物装载有无异状或超过货车装载限界，支柱、围挡、钢网、铁线、绳索有无折断和松动，货物是否有坠落窜出可能，装载金属块、长度不足 2.5m 的短木材或空铁桶使用的车种违反《铁路货物装载加固规定》货车使用限表的规定，易燃货物未按规定苫盖篷布绳网或未按规定采取防护措施	（1）按规定换装和整理；（2）由车站换装适当的货物
敞车	装载的货物苫盖篷布的车辆	苫盖的篷布搭接处是否符合要求，是否影响人力制动、提钩杆，拴结绳索余尾长度是否超过规定限度，苫盖的篷布绳网是否捆绑牢固，绳索齐全质量良好，捆绑加固是否符合相关规定	及时进行换装或整理；丢失或补苫篷布绳网时，编制记录并拍发电报
平车	装载超限货物的车辆	确认超限超重货物记录是否完整规范，各部位尺寸是否与超限载重货物运输记录或超限超重电报记载的尺寸一致，超限超重等级和检查线是否清晰，货物装载加固是否牢固，车辆技术状态是否符合相关规定，货物重心横向位移是否超过 100 mm，挂运超限超重货物是否取得调度命令	摘车整理，拍发电报，与有关单位联系，索要命令
平车	装载跨装货物及使用游车的车辆	跨装车组是否正确使用车钩停止缓冲器，货车的转向架是否状态良好，负重车车地板高度是否相等，加挂游车数量与货物间距是否符合标准，提钩杆是否用镀锌铁线捆紧，加固方法是否符合超长货物装载加固有关规定	摘车整理，使用规定的加固材料进行捆绑加固，并拍发电报
平车	装载超长货物的车辆	装载超长货物的两端突出是否符合《铁路货物装载加固规定》规定，共用游车两侧货物突出端间距及游车装载货物与货物突出端间距是否符合规定标准，是否注明"超长货物字样"，使用端侧板车平车长度、宽度超出车地板时端侧板是否放下，是否用镀锌铁线捆绑牢固	摘车整理，拍发电报

续表

车种	检查内容	发现的问题	处理方法
平车	装载轮式车辆货物的车辆（包括履带）	顺装：台与台的间距是否小于 100 mm；横装：台与台的间距是否小于 50 mm；跨装：两车头尾间距是否小于 350 mm；装载加固是否牢固，是否使用规定的加固材料	摘车整理，拍发电报
	装载钢材、金属块、锭等货物的车辆	装载 1 t 以下的生铁、金属靠端侧板是否低于端侧板，装载钢板、卷钢时是否遵照《铁路货物装载加固规则》办理	摘车整理，按规定编制记录并拍发电报
罐车	空车	罐车上盖开启栏杆是否上翘或下垂（危及安全）	甩入无电区及时关闭妥当，必要时进行加固
	重车	罐车盖阀是否关闭，栏杆是否上翘或下垂（危及安全），检查是否渗漏现象，空、重液化气罐车无押运人或达不到规定	负责管好，危及安全应摘车整理并拍发电报
冷藏车	空车	车门是否关闭良好	及时进行关闭
	重车	车门是否关闭良好并拧固，施封车施封是否完好、有效	及时关闭车门并拧固，对施封发现的问题：编制记录、补封并拍发电报
长大货物车	重车	装载的货物焊接加固是否开焊。使用落下孔车装载的货物，底部与轨面高度是否小于 150 mm，是否使用规定的加固材料和加固装置	摘车整理并拍发电报

表 5-3　货车车辆交接、检查及处理

顺号	检查内容	发现的问题	处理方法
1	运输票据或封套	（1）有票无货（车）或有货（车）无票	编制记录并拍发电报
		（2）货物运单和封套上记载的车号、到站与编组顺序表不符	
		（3）货物运单和封套上记载的车号、到站有涂改，未加盖带有所属单位的经办人名章时	
		（4）货物运单或封套上记载的车号与现车不符	编制记录并拍发电报，查明情况后继运
		（5）货物运单或封套上封印号码被划掉，涂改未按规定盖章	编制记录并拍发电报证明现状继运。货车上无封印时，由发现站确定是否补封
		（6）货物运单或封套以及编组顺序表记有铁路篷布，现车未盖有铁路篷布；现车盖有铁路篷布，货物运单和封套以及编组顺序表未记载或记载张数不符	编制记录并拍发电报
2	货车的施封	（1）封印失效、丢失、断开或不破坏封印即能开启车门	拍发电报并补封，是否清点货物由发现站确定
		（2）运输票据或封套上记载的封印站名或号码与现封不一致或发生涂改	核对站名、拍发电报。到站检查封印站名、号码

续表

顺号	检查内容	发现的问题	处理方法
2	货车的施封	（3）货车已施封，但未在运输票据或封套上记明封印号码，编组顺序表无"F"字样，无施封记载	编制记录证明现状继运
		（4）未使用施封锁施封（罐车和朝鲜进口货车除外）	拍发电报并补施施封锁
		（5）在同一车门上使用两个以上封串联施封	拍发电报并补封，如因车门技术状态无法补封时，车站以交方责任继运
		（6）货车两侧或一侧在车门上部施封	按现状拍发电报
		（7）施封货车的上部门扣未以铁线拧固（车门构造只有一个门扣或上部门扣损坏的除外）	由发现站拧固
3	装有货物的货车	（1）车门窗未按规定关闭（损坏的车窗已用木板、铁箱、木箱封固的除外）	由发现站关闭并拍发电报
		（2）货物损坏、被盗	拍发电报，编制记录进行处理
		（3）篷车车体、平车或集装箱专用平车装运的集装箱箱体的可见部位损坏或集装箱箱门开启	拍发电报，并由车站处理
		（4）易燃货物未按规定苫盖篷布或未采取规定的防护措施	拍发电报，编制记录补苫篷布并采取防护措施
		（5）篷布（包括自备篷布）苫盖捆绑不牢、被刮掉或被割，危及运输安全	及时进行整理。丢失或补苫篷布时由发现站拍发电报并编制记录
		（6）货物装载有异状或超过货物装载限界；支柱，铁线，绳索有折断或松动；货物有坠落的可能；车门插销不严，危及运输安全；底开门车用一个扣铁关闭底开门（如所装货物能搭在底板横梁上，且另一个搭扣处用铁线捆牢者除外）	由发现站按规定换装或整理并拍发电报
		（7）超限超重货物无调度命令	取得调度命令后继运
4	货车使用和通行限制	（1）货车违反运行区段的通行限制	拍发电报，并由车站换装适当货车
		（2）装载金属块、长度不足 2.5 m 的短木材或空铁桶使用的车种违反《铁路货物装载加固规定》货车使用限制表的规定	

超长货物运输作业训练

项目概述

　　超长货物是指货物长度突出车端，需要使用游车或跨装运输的货物。通过本项目训练能完成超长货物的发送、途中和到达作业。

任务 1　确定货物的装载位置

1.1　实训目标

　　通过本任务的训练，希望学生能够掌握：作为铁路货运员，掌握超长货物的定义，并通过超长货物的重心位置，根据所选择的车辆类型，确定货物的装载位置。

1.2　实训内容

　　1）货物重心水平位置的确定
　　（1）货物重心在车辆纵向的合理位置；
　　（2）货物重心在车辆横向的合理位置。

　　2）货物重车重心高的确定
　　（1）重车重心高的确定；
　　（2）重车重心高超过 2 000 mm 应采取的措施：
　　① 选用能降低重车重心的货车；
　　② 采用配重措施；
　　③ 限速。

　　3）货物质量在车地板上的分布

1.3　实训实例

　　【实例 1】计划使用 N_{16} 型平车装运均重长方形货物 1 件，货重 45 t，长 12 m，宽 2.5 m，高 1.5 m，货物重心距一端 7 m。请确定货物的装载位置。（N_{16} 型平车长 13 m，销距 9.3 m，标重 60 t）

【实例 2】　一预应梁重 96 t，货物本身重心高为 1 400 mm，计划使用 N_6 型平车跨装运送，货物转向架高 600 mm，试计算重车重心高并确定运行条件。

【实例 3】　用标重 60 t 的 N_{17}（自重选用 20.3 t）装均重货物一件，货重 45 t，货物全长 2 600 mm，支重面长 2 500 mm，宽 2 200 mm，高 2 600 mm，货物重心高 1 300 mm，使用规格为 2 700 mm×150 mm×140 mm 横垫木两根，两横垫木之间的距离为 2 200 mm。货物装车后，重心投影位于车底板纵横中心线的交叉点上。

问：（1）该装载方法是否符合要求？

（2）重车重心高是多少？

（3）若重车重心高超过规定，采取限速运行，应限速多少？

（4）若重车重心高超过规定，配重货物的最大质量是多少？

（5）若重车重心高超过规定，用规格 2 000 mm×1 200 mm×1 000 mm，重心高 600 mm，货重 5 t 的货物若干件配重，以降低重车重心高，最少需要多少件？

1.4　实训依据

【铁路货物装载加固规则】关于装载加固的规定：

货物装载加固的基本技术要求是：使货物均衡、稳定、合理地分布在货车上，不超载，不偏载，不偏重，不集重；能够经受正常调车作业以及列车运行中所产生各种力的作用，在运输全过程中，不发生移动、滚动、倾覆、倒塌或坠落等情况。

【铁路货物装载加固规则】关于货物重心水平位置的规定：

装车后货物总重心的投影应位于货车纵、横中心线的交叉点上。必须偏离时，横向偏离量不得超过 100 mm；纵向偏离时，每个车辆转向架所承受的货物质量不得超过货车容许载质量的二分之一，且两转向架承受质量之差不得大于 10 t。

【铁路货物装载加固规则】关于重车重心高的规定：

重车重心高度从钢轨面起，超过 2 000 mm 时应按表 6-1 的规定限速运行。限速运行时，由装车站以文电报铁路局请示，铁路局以电报批示，跨局运输则应同时抄给有关铁路局，并符合本规则第三十一条的规定。

表 6-1

重车重心高度 H/mm	区间限速/（km/h）	通过侧向道岔限速/（km/h）
2 000<H≤2 400	50	15
2 400<H≤2 800	40	15
2 800<H≤3 000	30	15

【铁路货物装载加固规则】第十三条关于装载加固的规定：

货物的装载高度、宽度和计算宽度，除超限货物外，不得超过货物装载限界（见附件 3）

和特定区段装载限制（见附件 4）。

【铁路货物装载加固规则】第十四条关于车辆和货物质量的规定：

货车装载的货物质量（包括货物包装、防护物、装载加固材料及装置）不得超过其容许载质量。

允许增载货车车型、适于增载货物品类及允许增载质量按铁路总公司有关规定办理。

涂打禁增标记的货车不准增载。

铁路总公司未批准增载的各型货车不得增载。

【铁路货物装载加固规则】第十五条关于货物集重的规定：

平车、凹底平车、长大平车局部承受货物质量时，应遵守下列规定：

（1）车辆横中心线两侧等距离范围内承受均布载荷或对称集中载荷时，容许载质量见附表 2、附表 3、附表 4。

（2）货物支重面长度小于所需两横垫木之间的最小距离时，可按需要先铺设两根横垫木，然后在横垫木上加纵垫木，将货物均衡地装在纵垫木上。

【铁路货物装载加固规则】第十八条关于货物突出车辆端梁长度的规定：

货物突出平车车端装载，突出端的半宽不大于车辆半宽时，允许突出端梁 300 mm；大于车辆半宽时，允许突出端梁 200 mm。超过此限时，应使用游车。

【铁路货物装载加固规则】关于货物重心或总重心偏离车辆横中心线的容许距离 $a_容$ 的计算方法：

（1）当 $P_标 - Q < 10$ t 时：

$$a_容 = \frac{P_标 - Q}{2Q} l \quad （mm）$$

（2）当 $P_标 - Q \geqslant 10$ t 时：

$$a_容 = \frac{5}{Q} l \quad （mm）$$

式中　$P_标$ ——车辆的容许载质量，t；

　　　l ——车辆转向架中心距，mm；

　　　Q ——车辆所装货物质量，t。

【铁路货物装载加固规则】关于重车重心高度 H 的计算方法：

（1）一车负重装载时：

$$H = \frac{Q_车 h_车 + Q_1 h_1 + Q_2 h_2 + \cdots + Q_n h_n}{Q_车 + Q_1 + Q_2 + \cdots + Q_n} \quad （mm）$$

式中　$Q_车$ ——货车自重，t；

　　　$Q_1, Q_2, \cdots, Q_n$ ——每件货物质量，t；

$h_车$——空车重心自轨面起算的高度，mm；

h_1，h_2，…，h_n——装车后每件货物重心自轨面起算的高度，mm。

（2）跨装时可按下式计算：

$$H = \frac{Q_{车1}h_{车1}+Q_{车2}h_{车2}+Qh}{Q_{车1}+Q_{车2}+Q} \quad (\text{mm})$$

式中　$Q_{车1}$，$Q_{车2}$——两负重车自重，t；

$h_{车1}$，$h_{车2}$——两负重车空车重心自轨面起算的高度，mm；

Q——货物质量，t；

h——装车后货物重心自轨面起算的高度，mm。

【铁路货物装载加固规则】 关于重车配重的规定：

（1）采取配重降低重车重心高度时，配重货物的起码质量 $Q_配$ 可按下式计算：

$$Q_配 = \frac{Q_总(H-2000)}{2000-h_配} \quad (\text{t})$$

式中　$Q_总$——货车自重与主货质量之和，t；

H——未配重前重车重心高度，mm；

$h_配$——配重货物装后，其重心自轨面起算的高度，mm。

（2）如果配重后货物总重心落在车辆纵中心线上，配装货物的质量或重心位置可按下式计算：

$$Q_配 = \frac{Qb}{b_配}$$

$$b_配 = \frac{Qb}{Q_配}$$

式中　$Q_配$——配装货物的质量，t；

$b_配$——配装货物重心偏离车辆纵中心线的距离，mm；

Q——配重前的货物质量，t；

b——配重前货物重心偏离车辆纵中心线的距离，mm。

如果配重后货物总重心不能落在车辆纵中心线上，货物的总重心 $b_横$ 可按下式计算：

$$b_横 = \frac{Qb-Q_配 b_配}{Q+Q_配}$$

【铁路货物装载加固规则】 关于集重货物的规定：

平车局部地板面承受均布载荷或对称集中载荷时容许载质量表，见表6-2。

表 6-2　平车局部地板面承受均布载荷或对称集中载荷时容许载质量表

地板负重面长度/mm	两横垫木中心线间最小距离/mm	车 种						
		N_6 N_{17}	N_{60}	N_{16}	N_{17AK} N_{17AT} N_{17G} N_{17GK} N_{17GT} N_{17K} N_{17T}	NX_{17} NX_{17A} NX_{17AK} NX_{17AT} NX_{17K} NX_{17T}	NX_{17B} NX_{17BK} NX_{17BT} NX_{17BH}	NX_{70} NX_{70H}
1 000	500	25	25	25	25	25	25	30
2 000	1 000	30	27.5	27.5	30	30	30	35
2 500	1 250	35	28.5	28.5				
3 000	1 500	40	30	30	40	40	40	45
4 000	2 000	45	33	32	45	45	45	50
5 000	2 500	50	35	35	50	50	50	55
6 000	3 000	53	40	37.5	53	53	53	57
7 000	3 500	55	45	40.5	55	55	55	60
8 000	4 000	57	50	44	57	57	57	63
9 000	4 500	60	55	49	60	60	61	65
10 000	5 000		60	55				70
11 000	5 500			60				

任务 2　制定货物装载加固方案

2.1　实训目标

通过本任务的训练，希望学生能够掌握：作为铁路货运员，通过超长货物的重心位置，根据装载技术条件来确定一车负重或跨装的装载方案，计算所用横垫木或支架高度。

2.2　实训内容

（1）确定一车负重超长货物的装载方法；

（2）计算所用横垫木高度；

（3）确定跨装超长货物的装载方法；

（4）计算货物转向架高度。

2.3 实训实例

【实例 1】 计划使用 N_{16} 型平车装运均重长方形货物 1 件，货重 45 t，长 12 m，宽 2.5 m，高 1.5 m，货物重心距一端 7 m。请确定经济合理的装载方案。(N_{16} 型平车长 13 m，销距 9.3 m，标重 60 t，不考虑重车重心高)

【实例 2】 均重预应力钢梁一件，重 52 t，长 24 000 mm，宽 2 930 mm，货物重心高 1 290 mm。使用 N_{17} 型平车（自重数种可自选）装运。试确定该货物装载方案及运行条件，并绘制货物装载示意图。

2.4 实训依据

【铁路货物装载加固规则】关于货物重心水平位置的规定：

与任务 1 相同，内容略。

【铁路货物装载加固规则】关于重车重心高的规定：

与任务 1 相同，内容略。

【铁路货物装载加固规则】关于货物突出车辆端梁长度的规定：

与任务 1 相同，内容略。

【铁路货物装载加固规则】关于一辆平车装载超长货物的规定

一辆平车装载超长货物，应遵守下列规定：

（1）均重货物使用 60 t、61 t 平车装载，两端均衡突出时，其装载质量不得超过表 6-3 的规定。

表 6-3

突出车端长度 L/mm	$L<1\ 500$	$1\ 500 \leq L < 2\ 000$	$2\ 000 \leq L < 2\ 500$	$2\ 500 \leq L < 3\ 000$	$3\ 000 \leq L < 3\ 500$	$3\ 500 \leq L < 4\ 000$	$4\ 000 \leq L < 4\ 500$	$4\ 500 \leq L \leq 5\ 000$
容许装载质量/t	58	57	56	56	55	54	53	52

（2）货物一端突出端梁装载时，重心容许纵向偏离量应根据附件 2 计算确定。

（3）所用横垫木或支（座）架的高度，应根据附件 2 计算确定。

（4）共用游车时，两货物突出端间距不小于 500 mm，如图 6-1 所示。

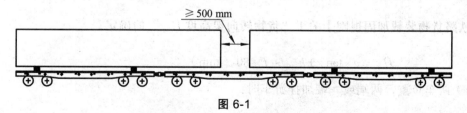

图 6-1

（5）游车上装载的货物，与货物突出端间距不小于 350 mm，如图 6-2 所示，货物突出部分的两侧不得装载货物。

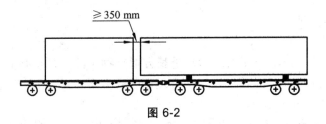

图 6-2

【铁路货物装载加固规则】关于跨装货物装载的规定：

跨装超长货物应遵守下列规定：

（1）只准两车负重。负重车车地板高度应相等，如高度不等时，需要垫平。

对未达到容许载质量的货车，可以加装货物，但不得加装在货物的两侧，与跨装货物端部间距不小于 400 mm。

（2）在两辆负重车的中间只准加挂一辆游车。

（3）跨装货物应使用货物转向架，货物转向架有关具体规定见附件 5。

货物转向架的支重面长度应遵守第十五条的规定。货物转向架下架体的重心投影应位于货车纵、横中心线的交叉点上，必须纵向偏离时，应遵守本规则第十一条的有关规定。

（4）货物转向架上架体与跨装货物，下架体与车辆分别固定在一起。对货物及货物转向架的加固不得影响车辆通过曲线，并将提钩杆用镀锌铁线捆紧。

（5）中间加挂游车的跨装车组通过 9 号及其以下道岔时不得推送调车。遇设备条件不容许或尽头线时，可以不超过 5 km/h 的速度匀速推进。

（6）跨装车组应使用车钩缓冲停止器，安装应在车钩自然状态下进行。

（7）跨装车组禁止溜放。

【铁路货物装载加固规则】关于"一车负重超长货物横垫木高度"计算方法：

横垫木的合理高度 $H_{垫}$ 可按下式计算：

$$H_{垫} = 0.031a + h_{车差} + f + 80 \text{（mm）}$$

式中　a——货物突出端至负重车最近轮轴轴心所在垂直平面的距离，mm；

　　　$h_{车差}$——游车地板高度与负重车地板高度差，游车地板比负重车地板高时取正值，反之取负值，mm；

　　　f——货物突出端的挠度，mm。

注：若货物突出车端部分底部低于其支重面时，垫木高度还应加该突出部分低于货物支重面的尺寸；如果货物突出车端部分底部高于货物支重面时，垫木高度应减去货物突出车端部分高于货物支重面的尺寸。

【铁路货物装载加固规则】关于"货物转向架高度 $H_{垫}$"的确定：

$$H_{垫} = a \times \tan\gamma \pm h_{车差} + f + 80 \text{（mm）}$$

（1）两车负重，两端或一端加挂游车时：

$$a = y_{端} + l_3$$
$$\tan\gamma = 0.031$$

式中　$y_端$——货物突出负重车端梁较长一端的长度，mm；

　　　　l_3——负重车车端至其最近轮轴轴心所成垂直平面间的距离，mm。

（2）两车负重，中间无游车时：

当 $y_销 \leqslant 1.29 l_2$ 时，

$$a = l_2$$

$$\tan \gamma = \frac{0.04(l_1 + l_3)}{l_支}$$

当 $y_销 \geqslant 1.29 l_2$ 时，

$$a = y_销$$

$$\tan \gamma = \frac{0.031(l_1 + l_3)}{l_支}$$

式中　$y_销$——货物超出货物转向架中心销外方的长度，mm；

　　　　l_1——货物转向架中心销至另一辆负重车相邻车端的距离，mm；

　　　　l_2——货物转向架中心销至其所在车辆内方车端的距离，mm；

　　　　$l_支$——跨装支距，mm。

3. 两车负重，中间有游车时

$$a \times \tan \gamma = l_1 \left[0.04 - \frac{0.04(l_1 + l_3) - 0.015(l_支 - l_台 - l_1 - l_3)}{l_支} \right] + 0.04 l_3$$

$$a \times \tan \gamma = y_销 \frac{0.031(l_支 - l_2 + l_3)}{l_支}$$

式中　$l_台$——驼峰平台长度（两竖曲线切点之间的距离，可按 10 000 mm 计算）。

取两者较大者计算。

任务 3　组织超长货物运输

3.1　实训目标

通过本任务的训练，希望学生能够掌握到：作为铁路货运员，了解超长货物运输和一般货运手续办理的相同和区别；根据超长货物装载加固方案组织装车作业；完成超长货物发送、途中、到达作业。

3.2　实训内容

1）发送作业

（1）办理超长货物托运。

（2）受理：除按一般货运手续外，还应按规定要求托运人提供相关资料，如托运设备货物说明书，货物外形三视图等。测量货物装车前尺寸，计算超限（装后尺寸）等级，选择装载方案，审核货物运单，完成超长货物受理工作。

（3）装车。

① 装车前准备：选择适合车辆；对货物进行测量；确认加固材料；开好车前会。

② 装车中作业。

③ 装车后检查：复核货物的装载加固是否符合规定。

（4）计算货物运费，完成承运工作。

（5）超限车的挂运。

2）途中作业

3）到达作业

（1）卸车。

（2）交付。

① 货票交付。

② 现货交付。

3.3 实训实例

【实例1】 南仓发西安东预应力梁一件（批准计划号为 30A00256120），货物质量长 20 000 mm，高 2 000 mm，底宽 1 000 mm，重 65 t，拟用 N_6 型平车跨装。发货单位：天津市京铁钢材有限公司；发货地址：天津市滨海新区东盐路 15 号；发货人：王刚；收货单位：西安盛达物流有限公司；收货地址：陕西省西安市长安区子午大道黄良街 54 号；收货人：李明。保价 50 万元。（其他未尽事宜自行假设）

请按上述案例情况结合货运规章相关规定制订经济合理的装载方案，绘制货物装载示意图，依方案按货物发送、途中、到达作业各工作步骤模拟演练。

【实例2】 某站装运如图 6-3 所示超长货物，票据内仅注明有："超长货物"、"连挂车组，不得分摘"字样。请指出存在的问题，计算相关数据，并提出处理意见。

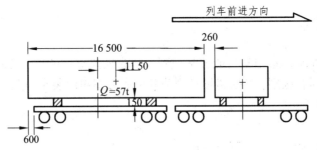

图 6-3 （单位：mm）

货物尺寸：16 500 mm×3 000 mm×2 500 mm，为规则均重货物，突出端挠度为 0，使用横垫木高 150 mm。

车辆有关资料：主、游车均为 N_{17} 型车，自重 20.3 t，标重 60 t，车地板长 13 000 mm，销距 9 000 mm，车地板面距轨面高 1 209 mm，车辆重心高 723 mm，固定轴距 1 750 mm。

【实例 3】2014 年 8 月 12 日 11037 次无守列车到达某货检站，编挂有甲站发乙站 32.6 m 预应力梁，2 车负重，中间使用游车，超级超限，经货检员检查发现，预应力梁纵向窜动，偏离检查线 200 mm；预应力梁斜支撑状态良好，无异状。请根据《加规》有关规定对该预应力梁已纵向窜动的车辆确定处理意见，并说明对该到达列车的检查过程和装载预应力梁车辆及装载超限货物车辆的检查重点。

3.4 实训依据

【铁路货物装载加固规则】关于货物装车的规定：

装车前应正确选择车辆，遵守货车使用限制表（见附表 1）及有关规定。未经铁路总公司运输局批准，各类货车装载的货物不得超出货车的设计用途范围。

货车的技术参数由铁路总公司运输局公布，常用敞车、平车、长大货物车技术参数参见附录。凡货车车体上的标记技术参数与附录不一致时，以车体上的标记技术参数为准。货车制造、检修单位应确保货车车体上涂打的标记技术参数的准确性。

凡未经铁路总公司运输局公布的，技术参数不全的敞车、平车及长大货物车，一律不得使用。

【铁路货物装载加固规则】第三十条关于装车的规定：

超限、超长货物装车后，应用白色或红色油漆标画易于判定货物是否移动的检查线。

【铁路货物装载加固规则】第二十九条关于超长货物途中检查的规定：

超限、超长货物装车后，车辆转向架任何一侧旁承游间不得为零（弹性旁承及旁承承载结构的货车除外）。遇球形心盘货车一侧为零时，可用千斤顶将压死一侧顶起，落顶后出现游间，表明货物装载符合要求。

【铁路货物装载加固规则】第三十一条关于挂运的规定：

限速运行时，发站应在货物运单、票据封套、编组顺序表及货车表示牌上注明"限速××公里"字样。

装运超限、超长货物，发站还应在货物运单、票据封套、编组顺序表及货车表示牌上注明"超限货物"或"超长货物"字样，以连挂车组装运时，应注明"连挂车组不得分摘"字样。

【铁路货物装载加固规则】关于预应力梁的装载方法的规定：

长度为 32.6 m（质量不大于 115 t）和 24.6 m（78 t）的预应力梁，可使用 N_{15} 型桥梁专用车装运。使用普通平车装运时，只准使用 N_6、N_{17}、N_{17AK}、N_{17AT}、N_{17G}、N_{17GK}、N_{17GT}、N_{17K}、N_{17T}、NX 型共用车，可不受附表 2 的限制。

（1）长度为 32.6 m 的预应力梁，跨装支距为 27～28 m，使用两辆平车负重跨装（中间加挂游车一辆）运送时，负重车及游车限用 13 m 长木地板平车。

（2）长度为 24.6 m 的预应力梁，跨装支距 18 m，使用两辆平车跨装运送时，限用 NX_{17B}、NX_{17BH}、NX_{17BK}、NX_{17BT}、NX_{70}、NX_{70H} 型共用车。

（3）使用 N_{15} 型桥梁专用车组跨装运送 32.6 m 的预应力梁时，允许中间加挂两辆游车。

【铁路货物装载加固规则】关于预应力梁的加固方法的规定：

（1）货物转向架下架体每端，用8号镀锌铁线或盘条拉牵成八字形，捆绑在车侧丁字铁或支柱槽上。

货物转向架上架体与桥梁底部之间，需加防滑垫木。死心盘一端货物转向架上部的防滑垫木上应加铺一层橡胶垫，桥梁底部两侧与货物转向架上架体挡铁之间，用木楔楔紧卡牢。

（2）在货物转向架上架体预应力梁的两侧，分别使用斜支撑进行加固。斜支撑顶部与预应力梁体必须密贴顶牢，并用8号镀锌铁线或盘条将斜支撑与转向架上架体捆牢。

（3）横向位移不超过20 mm，或长度为32.6 m梁的纵向窜动不超过250 mm，长度为24.6 m的纵向窜动不超过150 mm时，可以继续运行。

（4）斜支撑产生纵向倾斜时，必须进行整理。

【铁路货物运价规则】关于超长货物游车运费的规定：

超长、超限货物使用游车时，游车运费按主车货物的运价率和游车标重计费。利用游车装运货物，所装货物运价率高于主车货物运价率时，按所装货物的运价率核收游车运费。

运输超限货物或需要限速运行的货物使用游车时，游车运费不加成。

两批货物共同使用游车时，游车运费各按主车货物的运价率及游车标重的1/2计费。

D型长大货物车运输货物需用隔离车时，隔离车不另核收运费。隔离车加装货物时，按所加装货物适用的运价率核收运费。

自轮运转的轨道机械，以自备货车或租用铁路货车作游车时，按整车7号运价率核收游车运费；以铁路货车作游车时，按整车6号运价率和游车标重核收游车运费。

【铁路货物装载加固定型方案】关于"20 m标准预应力梁"装载加固方案：

20 m标准预应力梁如图6-4所示。

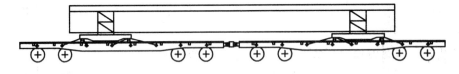

图6-4

1）货物规格

长20 600 mm，高1 650～2 300 mm，底宽880～1 060 mm，件重65～67 t，重心偏向大头一端16 mm，允许跨装支距15～16 m。

2）准用货车

限用 N_6、N_{16} 及 N_{17}、NX_{17}、NX_{17T} 型平车。

3）加固装置

专用货物转向架1副，车钩缓冲停止器2个，斜支撑2副。

4）加固材料

8 号镀锌铁线，木楔。

5）装载方法

（1）两车负重跨装，跨装支距 15～16 m，活心盘中心销置于心盘孔中央。

（2）车钩缓冲停止器在车钩自然状态下安装，并用铁线将提钩杆捆牢。

6）加固方法

（1）转向架下架体每端，用镀锌铁线 8 股拉牵成 2 个八字形捆绑在车侧丁字铁或支柱槽上。

（2）预应力梁底部两侧与上架体挡铁之间，用木楔楔紧卡牢。

（3）在转向架上架体预应力梁的两侧分别用斜支撑进行加固，斜支撑顶部与预应力梁梁体必须密贴顶牢，并用镀锌铁线 6 股将斜支撑与转向架上架体捆牢。

7）其他要求

（1）装车后，核定超限等级和重车重心高，并按有关规定办理。

（2）纵向窜动不超过 150 mm 或横向位移不超过 20 mm 时，可以继续运行。

（3）斜支撑产生纵向倾斜时，必须进行整理。

超限货物运输作业训练

项目概述

超限货物是指车辆停留在水平直线或行径半径为 300 m 的曲线时，货物的计算宽度超出机车车辆限界基本轮廓。通过本项目训练能审核托运人提供的货物资料、正确测量货物、正确拍发电报确定超限等级，按方案装车，进行运行途中检查作业。

任务 1　测量超限货物

1.1　实训目标

通过对测量超限货物的训练，希望学生能够掌握：作为铁路货运员，通过理论的认知及实训室货物模型的测量，熟练掌握超限货物装车前尺寸、装车后尺寸的测量，并独立填写超限超重货物托运说明书。

1.2　实训内容

（1）掌握超限货物测量的基本要求；
（2）对实训室预应力梁、蒸球货物模型进行装车前测量；
（3）对实训室预应力梁、蒸球货物模型进行装车后测量；
（4）填写超限超重货物托运说明书。

1.3　实训实例

【实例 1】　某托运人从上海铁路局昆山站托运钢架梁 1 件，到站为广铁集团长沙北站，货物外形尺寸如图 7-1 所示，装车前测量尺寸与托运人申报尺寸相符，并要求写超限、超重货物托运说明书，见表 7-1。

有关资料：使用 N_{16} 型平车装运。货物长度 12 m，质量 50 t，重心高 1 800 mm，支重面长度 9.3 m。

【实例 2】　对实训室预应力梁、蒸球货物模型分别进行装车前测量，绘制货物外形尺寸三视图，其中预应力梁拟采用 N_6 型平车装运，蒸球模型拟采用 N_{17} 型平车装运。并根据相关条件，完成超限、超重货物托运说明书，见表 7-1。

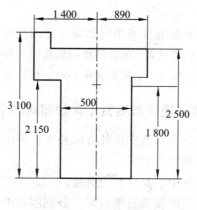

图 7-1（单位：mm）

表 7-1 超限、超重货物托运说明书

发局			装车站			预计装后尺寸/mm		
到局			到站			由轨面起高度	由车辆纵中心线起	
品名			件数				左宽	右宽
每件质量		总质量		重心位置		中心高		
货物长度			支重面长度			侧高		
高度 /mm	中心高		宽度 /mm	左	右	侧高		
	侧高			左	右	侧高		
	侧高			左	右	侧高		
	侧高			左	右	侧高		
要求使用车辆			标记质量			侧高		
装卸时的要求						车地板高度		
其他 要求						垫木或转向架高度		
						预计装在车上货物中心位置 距轨面的高度		
						重车重心高度		

1.4 实训依据

【铁路超限超重货物运输规则】关于超限货物测量的规定：

测量超限货物以 mm 为单位。装车前后的测量按下列规定办理：

1）装车前按计划的装载加固方案测量

（1）长度：测量其最大长度、支重面长度、重心至端部的距离、检定断面至重心的距离。

（2）高度：自支重面起，测量其中心高度、侧高度和重心高度。

① 中心高度：自支重面起至最大高度处的高度为中心高度。

② 侧高度：中心高度以下各测点至支重面的高度。如有数个不同侧高度时，应由上至下测出每一个不同的侧高度。

（3）宽度：测量中心高度处的宽度和不同侧高度处的宽度。

① 中心高度处的宽度：中心高度处，在货物重心所在纵向垂直平面左侧和右侧的最大宽度。

② 侧高度处的宽度：每一侧高度处，在货物重心所在纵向垂直平面左侧和右侧的最大宽度。

2．装车后按实际的装载加固状态测量（含加固材料）

（1）长度：跨装时，测量支距和两支点外方的长度；突出装载时，测量突出车辆端梁的长度，如两端突出不相等时，应分别测量。

（2）高度：自轨面起测量其中心高度和侧高度。

（3）宽度：自车辆纵中心线所在垂直平面起，分别测量中心高度和不同侧高度处在其左侧和右侧的宽度。

任务 2　确定超限货物等级

3.1　实训目标

通过确定超限等级的训练，希望学生能够掌握：作为铁路货运员，确定计算宽度的主要因素，并通过计算点所在检定断面的计算宽度（或实宽）和相对应的计算高度查超限等级表（《超规》附件四），最终判定货物的超限等级。

2.2　实训内容

1）标点

标出需要计算的点：在端视图上标出不同高度、不同宽度的点。

在等宽条件下，计算点在 1 250 mm 以上时，标高不标低；不足 1 250 mm 时，标低不标高。

2）选面（选择检定断面）

在侧视图上选出与所标出的点相对应的检定断面，当高度和宽度相同时，应选偏差量大的检定断面。

在两转向架中心销之间，应选近（靠近货车横中心线）不选远；在两转向架中心销外方，应选远（距转向架中心销）不选近。

3）计算

确定计算点高度、宽度：

（1）计算点高度（$h_{计}$）。

一般包括货车地板高度、垫木高度和计算点至货物支重面的高度，即

$$h_{计} = h_{车地板} + h_{转} + h_{预计}$$

（2）计算点宽度。

由线路中心线的垂直面至计算点的宽度。在直线线路上为货物的实宽；在曲线线路上为货物的计算宽度。

4）查表

根据计算点高度和计算点宽度查《超规》附件四，确定超限等级。

1.3　实训实例

【**实例1**】某站装运大型设备一件，长15 400 mm，宽3 000 mm，高3 550 mm，质量40 t，重心高1 760 mm，使用 NX_{17BH} 装运，装载方法如图7-2所示。请计算重车重心高，确定超限等级。

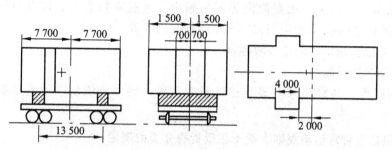

图7-2　（单位：mm）

【**实例2**】某站运输24.6 m预制力梁一件，跨装支距18 m，货物质量139.5 t，重心偏离梁体纵中心线60 mm，货件重心高1 476 mm。货物外形尺寸：中心高2 920～2 500 mm处宽各1 460 mm；第一测高2 440～200 mm处宽各1 360 mm；第二测高200～0 mm处宽1 050 mm。请按规定选择车辆，确定超限等级。（转向架高度180 mm）

【**实例3**】装运钢结构货物一件，货重10 t，货物重心高600 mm，长15 000 mm，中心高处左右宽各1 300 mm，侧高800 mm处左右宽各1 660 mm，使用 N_{17} 型木地板平车（$l=9 000$ mm，$L_车=13 000$ mm，$h_{车地板}=1 209$ mm）一辆负重，均衡突出，每端各加挂游车一辆，使用横垫木高180 mm，装载方法如图7-3所示。请计算并确定超限等级。

（a）　　　　　　　　　　　　　（b）

图7-3

2.4 实训依据

【铁路超限超重货物运输规则】关于超限货物定义的规定：

货物装车后，车辆停留在水平直线上，货物的任何部位超出机车车辆限界基本轮廓者或车辆行经半径为 300 m 的曲线时，货物的计算宽度超出机车车辆限界基本轮廓者，均为超限货物。

机车车辆限界图见附件 1。

货物计算宽度的计算方法见附件 2。

【铁路超限超重货物运输规则】关于超限等级划分的规定：

根据货物的超限程度，超限货物分为三个等级：一级超限、二级超限和超级超限。

（1）一级超限：自轨面起高度在 1 250 mm 及其以上超限但未超出一级超限限界者；

（2）二级超限：超出一级超限限界而未超出二级超限限界者，以及自轨面起高度在 150 mm 至未满 1 250 mm 间超限但未超出二级超限限界者；

（3）超级超限：超出二级超限限界者。

各级超限限界图见附件 3。

机车车辆限界、各级超限限界与建筑限界距离线路中心线所在垂直平面尺寸表见附件 4。

【铁路超限超重货物运输规则】关于超限货物分类的规定：

根据货物超限部位所在的高度，超限货物分为三种类型：上部超限、中部超限和下部超限。

（1）上部超限：自轨面起高度超过 3 600 mm，任何部位超限者；

（2）中部超限：自轨面起高度在 1 250 mm 至 3 600 mm 之间，任何部位超限者；

（3）下部超限：自轨面起高度在 150 mm 至未满 1 250 mm 之间，任何部位超限者。

【铁路超限超重货物运输规则】附件 2 关于货物计算宽度的计算方法：

1）用一辆六轴及以下货车装载时

（1）当货物的检定断面位于车辆两心盘中心之间时，其计算公式为：

$$X_{内} = B + C_{内} - 36 \quad （mm）$$

式中　B —— 实测宽度，即货物检定断面的计算点至车辆纵中心线所在垂直平面的距离，mm；

　　　$C_{内}$ —— 货物检定断面处的内偏差量，即车辆纵中心线在货物检定断面处偏离线路中心线的距离，mm，其计算公式为：

$$C_{内} = \frac{l^2 - (2x)^2}{8R} \times 1\,000 \quad （mm）$$

　　式中　l —— 车辆转向架中心距，m；

　　　　　x —— 货物检定断面至车辆横中心线的距离，m；

　　　　　R —— 曲线半径，m。

（2）当货物的检定断面位于车辆两心盘中心外方时，其计算公式为：

$$X_外 = B + C_外 + K - 36 \text{（mm）}$$

式中　$C_外$ ——货物检定断面处的外偏差量，即车辆纵中心线在货物检定断面处偏离线路中心线的距离，mm，其计算公式为：

$$C_外 = \frac{(2x)^2 - l^2}{8R} \times 1\,000 \text{（mm）}$$

　　K ——货物检定断面处的附加偏差量，mm，其计算公式为：

$$K = 75\left(\frac{2x}{l} - 1.4\right) \text{（mm）}$$

注：当 $\frac{2x}{l} \leqslant 1.4$ 时不计算。

2）用普通平车跨装时

（1）当货物的检定断面位于两货物转向架中心销之间时，其计算公式为：

$$X_内 = B + C_内 - 36 \text{（mm）}$$

其中，$C_内$ 的计算公式为：

$$C_内 = \frac{L^2 + l^2 - (2x)^2}{8R} \times 1000 \text{（mm）}$$

式中　L ——跨装支距，m；

　　l ——负重车的转向架中心距，m；

　　x ——货物检定断面至跨装支距中心线的距离，m。

（2）当货物的检定断面位于两货物转向架中心销外方时，其计算公式为：

$$X_外 = B + C_外 + K - 36 \text{（mm）}$$

其中，$C_外$ 的计算公式为：

$$C_外 = \frac{(2x)^2 - L^2 - l^2}{8R} \times 1000 \text{（mm）}$$

K 的计算公式为：

$$K = 75\left(\frac{2x}{L} - 1.4\right) \text{（mm）}$$

注：当 $\frac{2x}{L} \leqslant 1.4$ 时不计算。

3）用六轴以上长大货物车装载时

（1）当货物的检定断面位于大底架两心盘中心之间时，其计算公式为：

$$X_内 = B + C_内 - 36（mm）$$

其中，$C_内$ 计算公式为：

$$C_内 = \frac{L_1^2 + \cdots + L_n^2 - (2x)^2}{8R} \times 1\,000（mm）$$

式中　$L_1, \cdots, L_n$ ——长大货物车由上向下各层底架心盘中心距，m，n 为长大货物车底架层数；

　　　　x ——货物检定断面至车辆横中心线的距离，m。

注：用具有导向装置的长大货物车装载时，$C_内$ 根据车辆使用说明书计算。

（2）当货物的检定断面位于大底架两心盘中心外方时，其计算公式为：

$$X_外 = B + C_外 + K - 36（mm）$$

其中，$C_外$ 的计算公式为：

$$C_外 = \frac{(2x)^2 - L_1^2 - \cdots - L_n^2}{8R} \times 1\,000（mm）$$

K 的计算公式为：

$$K = 75\left(\frac{2x}{L_1} - 1.4\right)（mm）$$

注：当 $\frac{2x}{L_1} \leqslant 1.4$ 时不计算。

【铁路货物装载加固规则】关于各级超限限界的规定：

货物的装载高度、宽度和计算宽度，除超限货物外，不得超过货物装载限界（见附件3）和特定区段装载限制（见附件4）。

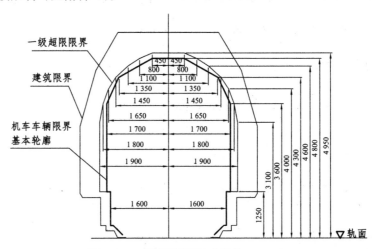

图 7-4　一级超限限界（单位：mm）

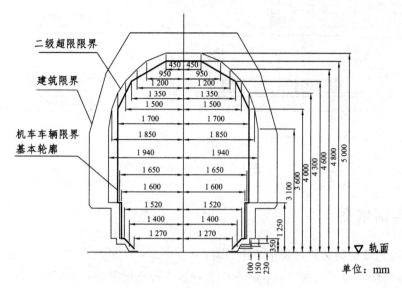

图 7-5 二级超限限界（单位：mm）

任务 3 拍发超限货物运输电报

3.1 实训目标

通过拍发超限货物运输电报的训练，希望学生能够掌握：作为铁路货运员，能够拍发超限、超重货物请示电报，拍发超限、超重货物批示电报，拍发超限、超重货物挂运电报。

3.2 实训内容

（1）超限、超重货物运输请示电报；
（2）超限、超重货物运输批示电报；
（3）超限、超重货物运输挂运电报。

3.3 实训实例

丰台站发信阳站长方形塔式起重机底库一件，重 54 t，货物外形尺寸及装载方案如图 7-6 所示，使用 NX_{17} 装运，货物重心投影位于车底板纵横中心线的交叉点上，货物底部选用高度为 135 mm 的横垫木 4 根。请确定超限等级并计算重车重心高，拍发超限货物运输请示电报。（NX_{17} 自重 22.1 t，车地板距轨面高 1 210 mm，重心高 775 mm）

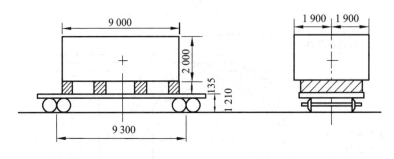

图 7-6 （单位：mm）

3.4 实训依据

【铁路超限超重货物运输规则】第十一条：

车站受理超限、超重货物时，应认真审查托运人提出的有关技术资料，测量货物外形尺寸和重心位置，必要时应组织有关部门共同研究。审查后，以超限超重货物运输请示电报向铁路局请示装运办法。跨及四个及以上铁路局的各级超重货物和超级超限货物由铁路局审查后向铁路总公司请示。

【铁路超限超重货物运输规则】第十四条：

铁路局接到批示或抄送的电报后，应结合管内的实际情况及时批转。对需临时改变建筑物、固定设备的，应在电报中详细指明。管内通行确有困难时，应在收到电报之日起三个工作日内以电话和电报通知发局和电报批示单位。

【铁路超限超重货物运输规则】第二十八条：

铁路局调度所接到车站挂运请示或邻局预报后，应根据超限超重货物运输批示电报核对挂运请示或预报内容，制定具体运行条件，填写超限超重车辆挂运通知单（格式三），纳入日（班）计划。挂运跨及两个调度所的超限、超重车前，需征得邻局调度所的同意。

相邻调度所间的预报内容，应包括挂运车次、批示电报号码、车种车型、到站、品名、超限等级、超重等级和有关注意事项等。

调度所在挂运和接运超限、超重车前，应将管内的具体运行条件以调度命令下达有关站段。

任务 4　办理超限货物发送作业

4.1 实训目标

通过办理超限货物发送作业的训练，希望学生能够掌握：作为铁路货运员，完整办理超限货物的托运、受理工作，根据货物的特征制定出相应的超限货物装载加固方案，并组织超限货物的装车工作，填写超限、超重货物运输记录；能够计算超限货物运输费用。

4.2　实训内容

（1）办理超限货物托运。

（2）测量货物装车前尺寸，计算超限（装后尺寸）等级，选择装载方案，审核货物运单，完成超限货物受理工作。

（3）做好装车组织工作：

① 装车前准备：选择适合车辆；对货物进行测量；确认加固材料；开好车前会。

② 装车中作业。

③ 装车后检查：复核货物的装载加固是否符合规定；确认符合批示电报后标画相关标记；填写超限、超重运输记录和超限、超重货物发送作业质量监控表。

（4）计算货物运费，完成承运工作。

（5）超限车的挂运。

4.3　实训实例

【实例 1】　包头西站发四平站均重货物 1 件，质量 15 t，货物重心高 1 700 mm，外形尺寸为 3 000 mm×2 300 mm×3 400 mm，拟用 N_{17} 平车 1 辆装载，不使用垫木。保价 15 万元。车辆有关资料：N_{17} 型车，车地板长 13 000 mm，车地板面至轨面高 1 209 mm，空车重心高 723 mm，自重 20.3 t，中心销距 9 000 mm。

请按上述案例情况结合货运规章相关规定发站按规定进行受理，确定超限等级，计算重车重心高，并完成装车后的相关工作。（其他未尽事宜自行假设）

【实例 2】　西固城站发灞桥站水泥桥梁一组 5 辆，两车（铁路 60 t 平车）负重，中部游车（铁路 60 t 平车）1 辆，两端加挂游车（自备 60 t 平车）各 1 辆，其中一辆游车加装桥梁配件，二级超限并限速。请计算发站应核收的运杂费。

【实例 3】　现有钢质均重蒸球 1 件，直径 3 700 mm，件重 11 t，拟选用 N_{60} 型平车 1 辆装运，货物底部铺井字形方木支座（方木横截面规格为 100 mm×100 mm），保价 20 万元。请模拟发站按规定进行受理，确定超限等级、计算重车重心高，并请说明从运单审核到请示挂运的组织过程。

4.4　实训依据

【铁路超限超重货物运输规则】 关于超限货物受理的规定：

托运人托运超限、超重货物时，除按一般货运手续办理外，并应提出下列资料：

（1）超限超重货物托运说明书（格式一），货物外形的三视图。图中应标明货物的有关尺寸、支重面长度，并以"＋"号标明重心位置。

（2）自轮运转货物，应有自重、轴数、轴距、固定轴距、长度、转向架中心销间距离、制动机形式和运行限制条件。

（3）申请使用的车种、车型及车数，计划装载加固方案。

（4）其他规定的资料。

托运人应在托运超限超重货物说明书、计划装载加固方案和所提供的资料上盖章或签字，并对内容的真实性负完全责任。

车站受理超限、超重货物时，应认真审查托运人提出的有关技术资料，测量货物外形尺寸和重心位置，必要时应组织有关部门共同研究。审查后，以超限超重货物运输请示电报向铁路局请示装运办法。跨及四个及以上铁路局的各级超重货物和超级超限货物由铁路局审查后向铁路总公司请示。

【铁路超限超重货物运输规则】关于超限货物测量的规定：

与任务 1 相同，内容略。

铁路总公司、铁路局接到超限超重货物运输请示电报后，向各有关单位批示装运办法。

超限超重货物运输电报代号见附件 6。

铁路局接到批示或抄送的电报后，应结合管内的实际情况及时批转。对需临时改变建筑物、固定设备的，应在电报中详细指明。管内通行确有困难时，应在收到电报之日起三个工作日内以电话和电报通知发局和电报批示单位。

车站接到铁路局批示电报后，应按装载加固方案及时组织装车。装车后测量与批示电报不符时，须重新请示。

【铁路超限超重货物运输规则】关于超限货物装车的规定：

超限、超重禁止无批示电报装车，实行装车质量签认制度。

装车后，车辆转向架任何一侧旁承游间不得为零（结构规定为常接触式旁承的货车除外），遇球形心盘货车一侧旁承游间为零时，可用千斤顶将压死一侧顶起，落顶后出现游间，表明货物装载符合要求。

使用落下孔、钳夹式车辆装载的货物，装后货物底部与轨面的距离不得少于 150 mm。

装车后，应用颜色醒目的油漆标画易于判定货物是否移动的检查线，并在货物两侧明显处以油漆书写、刷印或粘贴"×级超限、×级超重"，或挂牌标识。

装车后，发站应填写超限超重货物运输记录（格式二），在货物运单、货票、票据封套、编组顺序表上注明"超限货物""超重货物"或"超限超重货物"；以连挂车组装运时，应注明"连挂车组不得分摘"；限速运行时，应注明"限速××km"。并按规定在车辆上插放货车表示牌。

对超限、超重的大型设备，托运人应在设计的同时考虑经铁路运输的可行性，必要时，应分部制造。

对通行上有困难的货物，应采取改变包装和拆解货体等措施，尽可能降低超限、超重程度。

【铁路超限超重货物运输规则】关于超限货物电报的规定：

发站挂运超限、超重车前，应向铁路局调度所拍发超限超重车辆挂运请示电报（条件不具备时也可电话请示）。

超限、超重货物变更到站时，受理变更的车站应复测货物装车后尺寸，以电报向铁路局重新请示，并注明原批准单位、电报号码、新到站及车号。受理变更的车站，应对货物的装载加固状况进行检查，并在"超限超重货物运输记录"中签认。

【铁路货物运价规则】第 14 条关于超限货物运费的规定

运输超限货物，发站应将超限货物的等级在货物运单内注明，按下列规定计费：

（1）一级超限货物：按运价率加 50%；

（2）二级超限货物：按运价率加 100%；

（3）超级超限货物：按运价率加 150%。

需要限速运行（不包括仅通过桥梁、隧道、出入站线限速运行）的货物，按运价率加 150% 计费。

需要限速运行的超限货物，只核收本条规定的加成运费，不另核收超限货物加成运费。

【铁路货物运价规则】关于超限货物游车运费的规定：

超长、超限货物使用游车时，游车运费按主车货物的运价率和游车标重计费。利用游车装运货物，所装货物运价率高于主车货物运价率时，按所装货物的运价率核收游车运费。

运输超限货物或需要限速运行的货物使用游车时，游车运费不加成。

两批货物共同使用游车时，游车运费各按主车货物的运价率及游车标重的 1/2 计费。

D 型长大货物车运输货物需用隔离车时，隔离车不另核收运费。隔离车加装货物时，按所加装货物适用的运价率核收运费。

自轮运转的轨道机械，以自备货车或租用铁路货车作游车时，按整车 7 号运价率核收游车运费；以铁路货车作游车时，按整车 6 号运价率和游车标重核收游车运费。

【铁路超限超重货物运输规则】关于超限车挂运的规定：

铁路局调度所接到车站挂运请示或邻局预报后，应根据超限超重货物运输批示电报核对挂运请示或预报内容，制定具体运行条件，填写超限超重车辆挂运通知单（格式三），纳入日（班）计划。挂运跨及两个调度所的超限、超重车前，需征得邻局调度所的同意。

相邻调度所间的预报内容，应包括挂运车次、批示电报号码、车种车型、到站、品名、超限等级、超重等级和有关注意事项等。

调度所在挂运和接运超限、超重车前，应将管内的具体运行条件以调度命令下达有关站段。

车站接到挂运命令后，应及时做好车辆挂运准备工作，并将调度命令交值乘司机。

超限、超重车应经由最短径路运输，但受到建筑限界或其他不利因素影响时，可指定径路绕道运输。

运行上有限制条件的超限、超重车，除有特别指示外，禁止编入直达、直通列车。

挂有超限车的列车，按《车站行车工作细则》（以下简称《站细》）规定的线路办理到发或通过。遇到特殊情况需要临时变更线路时，须得到铁路局批准。

任务 5　办理超限货物途中作业

5.1　实训目标

通过办理超限货物发送作业的训练，希望学生能够掌握：作为铁路货运员，能够模拟途中货运检查站货运检查员，对运行途中的超限货物按照相关规定进行途中检查。

5.2　实训内容

1）超限货物车的运行

2）超限货物车的检查

（1）货物列车中货物的装载、加固状态；

（2）《铁路超限货物运输规则》规定的事项；

（3）《铁路货车超偏载检测装置运用管理办法》规定的内容及铁路总公司规定的其他事项。

5.3　实训实例

A 站发 B 站均重货物一件，货重 28 t，使用 N_{17} 型平车装运，未使用垫木，该车到达某货检站后，货检员检查实测外形尺寸为 8 500 mm×3 400 mm×1 980 mm。车辆资料：自重 20.3 t，标重 60 t，车地板长 13 000 mm，销距 9 000 mm，车地板面距轨面高 1 209 mm，车辆重心高 723 mm。

请分析、判定该货物的超限等级、计算重车重心高，并按规定进行处理，并说明超限车与临线车会车的规定。

5.4　实训依据

【铁路超限超重货物运输规则】关于超限货物拍发电报的规定：

车站接到铁路局批示电报后，应按装载加固方案及时组织装车。装车后测量与批示电报不符时，须重新请示。

【铁路超限超重货物运输规则】关于超限车途中检查的规定：

超限、超重车的途中检查是确保超限、超重货物运输安全的重要措施，铁路局必须加强对超限、超重车运行途中的检查，落实区段负责制。

【铁路超限超重货物运输规则】关于超限车途中检查的规定：

途中检查站应按下列内容检查超限、超重车，并记录检查结果：

（1）有无超限超重货物运输记录及其填写是否完整；

（2）货物两侧明显位置，是否有超限、超重等级标识；

（3）是否标画有检查线，货物有无移动，加固材料是否有松动和损坏；

（4）车辆转向架左右旁承游间不得为零（结构规定为常接触式旁承及球形心盘除外）。

【铁路超限超重货物运输规则】关于超限车运行的规定：

挂有超限车的列车运行在复线、多线或并行单线的直线地段与邻线列车会车时，应遵守下列规定：

（1）邻线列车运行速度小于 120 km/h 的，两运行列车之间最小距离大于 350 mm 者不限速，300～350 mm 者运行速度不得超过 30 km/h，小于 300 mm 者禁止会车。

（2）邻线列车运行速度大于等于 120 km/h 且小于 160 km/h 的，两运行列车之间最小距离大于 450 mm 者不限速，400～450 mm 者运行速度不得超过 30 km/h，小于 400 mm 者禁止会车。

（3）邻线列车运行速度大于等于 160 km/h 且小于 200 km/h 的，两运行列车之间最小距离大于 550 mm 者不限速，500～550 mm 者运行速度不得超过 30 km/h，小于 500 mm 者禁止会车。

曲线地段与邻线列车会车，必须根据规定相应加宽。

挂有超限车的列车在 CTCS-2 级区段的区间禁会动车组。

【铁路超限超重货物运输规则】关于超限车运行的规定：

超限车在运行过程中，如超限货物的任何部位接近建筑物或设备时，应遵守下列规定：

（1）超限货物的任何超限部位与建筑限界之间的距离（以下简称限界距离），在 100～150 mm 时，时速不得超过 15 km；

（2）限界距离在超过 150～200 mm 时，时速不得超过 25 km；

限界距离不足 100 mm 时，由铁路局根据实际情况规定运行办法。

任务 6　办理超限货物到达作业

6.1　实训目标

通过办理超限货物发送作业的训练，希望学生能够掌握：作为铁路货运员，根据批示电报正确选择、确定卸车地点和货位，科学制定卸车方案，完成卸车组织；办理完货物交付手续。

6.2　实训内容

1）完成超限货物卸车工作

2）货物到达通知

3）交付工作

（1）票据交付；

（2）超限货物交付。

6.3　实训实例

【实例 1】 广汉站发眉山站龙门吊一组，重 40 t，使用一辆标重 60 t N_{17A} 装运，另用 1 车 N_{17A} 作游车，一级超限，押运人 2 人，要求乘坐一辆标重 60 t 棚车。请按上述案例情况结合货运规章相关规定对货物到达作业各工作步骤进行模拟演练。

【**实例 2**】 某专用线于 2014 年 5 月 2 日 20：00 送进 2 辆 D_{L1} 型长大货车,该车于 5 月 7 日 13：00 装车完毕,15：00 挂出专用线。5 月 7 日当班货运员核收 D 型车延期使用费 1 480.00 元。请分析、判定核收的延期使用费是否正确,并准确计算。(里程 74 km)

【**实例 3**】 包头西站发四平站均重货物 1 件,质量 15 t,货物重心高 1 700 mm,外形尺寸为 3 000 mm×2 300 mm×3 400 mm,拟用 N_{17} 平车 1 辆装载,不使用垫木。保价 15 万元。车辆有关资料：N_{17} 型车,车地板长 13 000 mm,车地板面至轨面高 1 209 mm,空车重心高 723 mm,自重 20.3 t,中心销距 9 000 mm。

请按上述案例情况结合货运规章相关规定发站按规定完成到达后的相关工作。(本实例的发送作业已在实训任务 4 中完成,请继续完成后续工作。其他未尽事宜自行假设)

6.4 实训依据

【**铁路货物运价规则**】关于货物延期使用费的规定：

由托运人、收货人自行装卸的 D 型长大货物车,自调到装卸地点(或交接地点)之日起的第四日起,到装卸完了(或交接地点交接完毕)之日止,按日(不足一日按一日)核收 D 型长大货物车延期使用费。

参考文献

［1］ 王慧，裴凤萍，张磊等. 特殊条件货运组织[M]. 成都：西南交通大学出版社，2012.

［2］ 王慧. 普通条件货运组织[M]. 成都：西南交通大学出版社，2013.

［3］ 铁道部运输局. 铁路货物装载加固规则[M]. 北京：中国铁道出版社，2006.

［4］ 铁道部运输局. 铁路超限超重货物运输规则[M]. 北京：中国铁道出版社，2007.

［5］ 铁道部. 铁路货物运输规则[M]. 北京：中国铁道出版社，2009.

［6］ 铁道部. 铁路货物运价规则[M]. 北京：中国铁道出版社，2009.

［7］ 铁道部. 铁路危险货物运输管理规则[M]. 北京：中国铁道出版社，2009.

［8］ 铁道部运输局. 铁路鲜活货物运输规则[M]. 北京：中国铁道出版社，2009.

［9］ 中国铁路总公司. 铁路货物损失处理规则（试行）[M]. 北京：中国铁道出版社，2014.